高校辅导员工作理论研究

任 禾◎著

吉林出版集团股份有限公司

图书在版编目（CIP）数据

高校辅导员工作理论研究 / 任禾著. — 长春 ：吉林出版集团股份有限公司，2024.6
ISBN 978-7-5731-5046-2

Ⅰ．①高… Ⅱ．①任… Ⅲ．①高等学校－辅导员－工作－研究 Ⅳ．①G645.1

中国国家版本馆 CIP 数据核字（2024）第 104635 号

高校辅导员工作理论研究

GAOXIAO FUDAO YUAN GONGZUO LILUN YANJIU

著　　者　任　禾

出版策划　崔文辉

责任编辑　王　媛

封面设计　文　一

出　　版　吉林出版集团股份有限公司

　　　　　（长春市福祉大路 5788 号，邮政编码：130118）

发　　行　吉林出版集团译文图书经营有限公司

　　　　　（http：//shop34896900.taobao.com）

电　　话　总编办：0431-81629909　营销部：0431-81629880/81629900

印　　刷　廊坊市广阳区九洲印刷厂

开　　本　710mm×1000mm　1/16

字　　数　210 千字

印　　张　13

版　　次　2024 年 6 月第 1 版

印　　次　2024 年 6 月第 1 次印刷

书　　号　ISBN 978-7-5731-5046-2

定　　价　78.00 元

如发现印装质量问题，影响阅读，请与印刷厂联系调换。电话 0316-2803040

前　言

　　高校辅导员作为高校教育和学生管理工作的重要力量，承担着培养学生全面发展、引导学生健康成长的重要使命。在当前高等教育快速发展的背景下，高校辅导员工作面临着新的挑战和机遇。因此，深入研究和探讨高校辅导员工作的理论，对提升辅导员的专业素养、优化工作方法、提高工作效果具有重要意义。

　　本书旨在对高校辅导员工作进行全面的理论研究，为广大辅导员提供一套科学、系统的理论体系。本书从辅导员概述与制度沿革入手，介绍了辅导员的工作职责、角色定位和素质要求，重点分析了大学生的教育管理和学习生活辅导、大学生心理健康辅导与职业规划以及网络时代高校辅导员工作的挑战与机遇等内容，并深入探讨了高校辅导员队伍素质能力提升的重要意义、高校辅导员队伍素质能力提升的基本思路以及高校辅导员队伍素质能力提升的策略与路径。

　　本书在撰写过程中，参阅和引用了一些文献资料，谨向它们的作者表示感谢；同时感谢一直以来支持、鼓励和鞭策笔者成长的师长和学界同人。由于笔者水平有限，书中难免存在不足之处，敬请广大学界同人和读者批评指正。

目　录

第一章　辅导员概述与制度沿革

第一节　辅导员概述

高校辅导员制度是一种常见的教育制度，在大学当中因为学生普遍具有较高的知识素养和学习能力，而大学生又面临着毕业后即将步入社会的特点，因此对于大学生的教育不仅仅需要培养大学生本身的专业素养和专业能力，同时还需要提高相应的知识储备思维能力以及价值判断和价值排序能力，辅导员的设立就是为了更好地引导学生树立正确的价值观、道德观和世界观，提高大学生的心理素质。在现代的大学辅导员工作当中，辅导员需要具备较高的政治素养及严格的工作作风，要求德才兼备。同时对于相关专业的专业知识也需要有一定的学习。在大学当中辅导员的位置相当于其他学龄阶段的班主任工作，辅导员通过相关的工作制度来对一个或多个班级的学生进行道德品质的培育和道德思维的养成。

因此在选取辅导员时也有相对应的要求，首先辅导员需要有较高的政治素养，对于社会主义核心价值观有深刻认识。其次辅导员需要有一定的业务能力和教育水平，有相应的业务能力和教育水平，才可以保障辅导员工作的有效进行，辅导员还需要自身纪律严明对自身有更高的要求。无论是哪一个学龄阶段，对于学生的教育都需要从自身做起才可以达到更好的教育效果，尤其是道德教育和政治教育。辅导员自身严格要求自己，通过自身的坚守，在日常生活当中和细节处对学生产生影响，通过潜移默化、身体力行来影响学生。一般而言，在选取辅导员的标准上，还需要辅导员对心理学教育学有一定的了解，学习过专业理论知识的教师，在教育的过程当中才有足够的理论依据。理论依据是教育的基础，只有具备更好的理论素养，才可以在教学过程当中更好地进行知识的输出，让学生明确教学当中的目的和想法。

高校辅导员的职责主要分为五方面：

（1）帮助高校学生养成良好的道德品质，经常性地开展谈心活动，引导学生养成良好的心理品质和自尊、自爱、自律、自强的优良品格，增强学生克服困难、经受考验、承受挫折的能力，有针对性地帮助学生处理好学习成才、择业交友、健康生活等方面的具体问题，提高思想认识和精神境界。通过开展活动及面对面谈话，引导学生提升自身的道德素养，同时培养学生的爱国主义精神，为社会提供具有职业道德的人才，提升学生的社会生存能力。

（2）了解和掌握高校学生思想状况，针对学生关心的热点问题和焦点问题，及时进行教育和引导，化解矛盾冲突，参与处理有关突发事件，维护好校园安全和稳定。通过日常的工作让学生对政治、经济、文化具备一定的了解，并通过将热点新闻引入课堂的模式引导学生正确地看待事物和认识世界，进而应用到校园管理当中，预防校园内产生不安全因素。

（3）落实好对经济困难学生资助的有关工作，组织好高校学生勤工助学，积极帮助经济困难学生完成学业。及时了解、发现在经济上有困难的学生，并提供一定的指导意见和帮助，通过引导学生进行勤工俭学，帮助学生解决学习当中的经济压力，完成学业。

（4）积极开展就业指导和服务工作，为学生提供高效优质的就业指导和信息服务，帮助学生树立正确的就业观念。辅导员需要让学生树立正确的就业观念和就业意识，通过组织相关的就业指导工作，让学生认识到自身发展的缺陷和不足，以及未来发展的方向，树立正确的教学观念，提高工作热情和职业道德。

（5）指导学生党支部和班委会建设，做好学生骨干的培养工作，激发学生参与活动的积极性和主动性。利用学生会和班干部的优势对普通学生进行多方面的了解，以此保障教学的有效性和针对性，保证教学的有效落实。

第二节　辅导员制度的历史沿革

一、制度的确立

在高校辅导员确定的过程中，也经历了很多阶段。

在 1952 年，当时的高校确立了政治辅导员的机制，并且设立了专门机构在学校中称为政治辅导处。政治辅导员需要对当时的政治有一定的了解，对学生的思想和政治进行培养，提高相对应的素质，并对学生提供政治学习和政治引导，由此辅导员制度迎来了制度化的建设阶段。辅导员也逐步走进学生的学习生活当中，具有一定的职责内容。当时的政治辅导员注重对学生的政治教育和政治理念的培养。

在接下来的一段时间，相关单位不断地颁布与大学政治辅导相关的文献和文件，来明确大学辅导员的工作内容和工作方向；明确大学辅导员的配比，对辅导员团队的结构和功能进行了详细的解读，在1966 年大学辅导员制度逐渐出现。

在 1980 年，我国高校政治辅导员的选取方法是从学生或者教师群体中选取政治文化都相对较为出色的人担任政治辅导员的工作。在这个阶段，辅导员的工作量也出现了变化，从原来的 1∶100 转变为1∶120，即每 120 个学生设立一个政治辅导员。同时，国家也通过颁布相关法律来规定政治辅导员工作原则、工作目标以及工作内容。通过全方位的规则完善，政治辅导员的工作得到恢复并且在一定程度上得到了提高。

随着政治辅导员工作制度的完善，以及人们对教育观念的认知不断提高。1990 年以后我国进入了快速发展的阶段，教育工作也得到了不断的发展，政治辅导员的相关工作人员在工作上有了更多的经验可以汲取，从而不断完善和发展。在 1996 年、1993 年、1994 年、1999 年及 2000 年，我国教育部都颁布了相对应的政策，不断明确和完善高校政治辅导员的工作。而在经济政治不断发展和完善的过程当中，教育方面也在不断地提高。国家想要更好地进步和发展，离不开专业性人才的技术提高和相关工作人员思维模式的正确引导，因此逐步重视起政治辅导员的建设问题。在这一阶段高校辅导员迎来了快速发展的阶段，高校辅导员制度也在不断地提升和进步。

二、制度的发展

从 2004 年开始，高校辅导员制度迎来了科学发展的阶段。同时国家也通过颁布相关的法律和文件明确指出辅导员工作应当注意的问题以及现阶段政治辅导员需要注意的问题，通过文件的颁布来确定现阶段辅导员和学生的比例以及辅导员的工作任务和明确辅导员的重要性。在 2005 年和 2006 年都召开了相对应的会议对辅导员的工作进行了明确的要求，对辅导员队伍的建设也提供了一定的引导，指出大学辅导员不仅需要提高学生的政治意识政治素养，同时还需要从思想上让学生树立正确的价值取向、价值排序、思维方式以及价值判断，不断引导学生发展以适应社会和时代的要求；同时也需要给学生一定的工作引导，从工作上、生活上、思想上不断地加强学生的能力，促进学生发展。在这一阶段，大学辅导员已经不仅仅局限于政治领域的引导，给学生灌输政治知识，同时还从道德上和专业上为学生提供指导和帮助。

自 2005 年起，国家已经不仅仅局限于文件和政策上为工作人员提供引导，还设立了相对应的辅导培训机构，针对辅导员的工作特性开设科研项目。对辅导员的工作进行深入研究，通过科研来分析大学生的学龄特点，以及当代大学生的普遍思维模式和思维倾向，总结出大学辅导员的工作性质和工作范畴。不断完善大学辅导员的工作，让大学辅导员的工作更加专业化和职业化。

大学生作为社会未来的主要生产力，是社会当中的中流砥柱，对于大学生的培训需要辅导员作为大学生培育前沿的支持和保障，提高辅导员的工作能力和工作质量，不断对辅导员进行培训。基于社会和时代要求的综合性人才，高校辅导员的制度一直在不断地完善，高校辅导员工作的内容也在不断地发展。在快速发展的社会环境下，辅导员的工作内容也需要随着时代的发展而不断变化，紧跟时代的步伐，培育出新型人才，以推动社会的发展和国家的进步。

目前在高校辅导员工作开展的过程中，以学生为中心对学生的专业能力和思想进行指导，提高学生的相关能力。首先高校辅导员需要对学生专业进行了解，通过谈话等方式，结合大学生所学相关专业的特色，以及大学生的学龄心理对他们进行引导，准确掌握大学生的思维模式和价值倾向。通过对大学生的了解来提高大学生的管理工作，对大学生实行人性化管理。在教育过程中辅导员需要转变新的身份，作为学生的长辈对学生进行引导，适当地进行换位思考。以学生的思维模式和价值倾向加大对学生的了解，站在学生的角度及时发现问题、思考问题、解决问题，实现提升。同时针对辅导员的特色，要提高相关工作人员的综合素养，大学可以适当举办一些活动和培训，让辅导员的专业能力和专业知识得到不断的提高。

现阶段社会是不断发展的社会，网络时代的到来，信息数据爆炸，人们的思维方式和心理都会有不同程度的影响。面对这样的情况，辅导员需要提高自身的综合素养，不断地学习，以达到社会和时代的要求。通过学习和培育，让辅导员的工作开展和工作落实紧跟时代的步伐，从实际出发解决问题，这既是对辅导员进行培训的主要目的，也是辅导员作为大学生的导师需要具备的基本素养。

当今社会是不断发展的，在信息大量灌输的社会生活环境下，学生的思维都在不断地变化。教师需要及时地发现问题，多和学生进行沟通，加强管理能力和管理手段解决管理当中的问题。

由此可见，大学辅导员在现阶段对学生的影响十分巨大，在未来的很长一段时间内大学辅导员都会在教育当中充当十分重要的角色。大学辅导员制度体系也在不断进行完善，以培养出符合时代和社会要求的综合性人才。大学辅导员不仅仅是学生的管理者，还是学生生活的引导者，在未来的工作和生活当中也会更加倾向对学生的培养和学生的引导。无论是从思想价值排序上，还是政治性引导以及学生生活习惯的引导上，都会有相应的完善和发展，同时在工作中也会不断提高辅导员与时代的契合度，给予学生更多的帮助。

第二章　辅导员的工作职责、
角色定位和素质要求

第一节　辅导员的工作职责

一、积极辅导大学生的心理

关注大学生心理健康教育已经成为我国各大高等院校高度重视的一项工作。在这样的形势下，高等院校辅导员必须要主动注重管理的综合性发展，不但要做好学生教育工作，而且还需要引导好学生的思想，确保大学生的心理健康发展。

二、管理好大学生日常工作

在高等院校管理过程中，辅导员是独一无二的一部分，辅导员工作牵涉到很多方面，主要从事学生的评先评优、学习管理、档案管理、党团活动等。辅导员经常与高校学生联系和沟通，高校中各大事务都需要辅导员来传递给大学生。辅导员的工作就是要服务好学生，以促进学生发展为主，提高工作的质量，完善服务中的不足，踏踏实实当好学校与学生的沟通桥梁，真正地为学生办事，确保学生可以毫无后顾之忧地安心在学校内学习。

三、对大学生就业进行积极引导

在大学学习生涯中，青年学生所经历的一切事情都是他们日后人生发展中的一笔财富。毫不夸张地说，高校是每个人一生中的一个选择路口，辅导员需要做好指导学生往哪个方面走的工作，引导青年学生做好自身的人生规划，用规划来实现自身人生价值，让青年学生有意识地不断磨炼和提升自我。在大学生步入社会前，辅导员还应该积极指导学生就业，帮助分析他们所学专业的就业形势，并为其提供相应的建议。

第二节　辅导员的角色定位

综观《中共中央、国务院关于进一步加强和改善大学生思想政治教育的意见》《普通高校德育大纲（试行）》《普通高等学校辅导员队伍建设规定》等相关条文，可以看出辅导员既是高校教师队伍的重要组成部分，又是高校管理队伍的重要组成部分，即辅导员兼具教师和干部两种身份。因此，笔者认为应从以下四个方面来把握辅导员的角色定位：

一、学习成才指导者

大学生的本职是学习，辅导员要扮演好学习成才指导者这个角色。对于一年级学生，要指导他们培养学习兴趣，积极端正学习态度和建立大学目标；对于二年级学生，要指导他们坚定专业信念，努力掌握扎实的专业基础和培养缜密的学科思维；对于三年级学生，要指导他们积极参加活动，尤其是本专业范畴下的科研锻炼和社会实践；对于四年级学生，要指导他们理论联系实际，通过专业实习和就业培训完成知识向实践的转化。

关心关注大学生的学习生活，当好他们的人生导师和知心朋友，帮助他们做好学习规划、职业规划，督促指导帮助他们顺利完成学业。同时通过各种办法和途径，关心关注学生的日常生活，帮助他们解决生活上遇到的困难，是辅导员工作中的一项重要任务。因而，辅导员的第二个角色，就是当好大学生成长成才的指导者。学习是学生的天职，是学生的主业，对绝大多数学生来说，是能够自觉学习并顺利毕业的。但每个高校都会有极少数学生，因为种种原因，不愿意学习，不努力学习，结果学业不能按照培养要求如期完成，进而影响了顺利毕业，乃至中途退学。辅导员在这方面要力争早发现，并第一时间和家长取得联系，从而采取切实有效的办法对学生早督促、早帮扶。同时，要开展好学生第二课堂活动。校园文化科技艺术体育活动、社会实践活动以及各类学生社团活动是大学生成长成才的第二课堂，是课堂教学育人主渠道之外有益而又必要的补充，对提升学生实践创新能力、拓展学生眼界和思维视野、充实学生社会体验和丰富学生生活具有十分重要的作用。辅导员既要指导学生组织开展好第二课堂活动，调动学生参与的积极性，让校园第二课堂形式多样、健康向上、格调高雅，又要积极参加学生的课外活动，增进对学生的了解，增强与大学生情感的培养。

二、人生发展引导者

在大学里，辅导员是与学生接触交往最多的老师，对学生的成长有着潜移默化的影响，人生发展引导者理所当然成为辅导员的角色之一，这也是以人为本的教育理念对辅导员角色的客观要求。辅导员应具有高尚的品德修养和良好的行为作风，在学生的成长过程中要发挥榜样的作用。同时，辅导员应为学生开展科学的职业规划和为实现高质量就业提供科学、系统、有针对性的引导，帮助学生正确评价自我、及时获取就业信息、有效拓宽就业渠道。

辅导员要时刻关心学生生活，要做到奖励对象是最优秀的学生，资助对象是最困难的学生，就需要辅导员多了解掌握学生真实情况，把握好公平公正，让学生认同认可。辅导员要指导学生做好职业规划，要根据不同性格、类型的学生指导他们规划好自己的职业发展方向，并注重开展个性化辅导、注重心理辅导，建立健全大学生诚信成长档案，有效地开展大学生的职业规划服务。

三、事务工作管理者

辅导员既是高校教师的重要组成部分，也是管理队伍的重要组成部分。这就决定了辅导员还应扮演事务工作管理者的角色。从学风建设、班级管理、评奖评优、勤工俭学、发展党员到各种活动的开展都渗透着辅导员的汗水和心血。当然，在处理事务性工作时，辅导员不应只是简单地管理和忙碌，而应在理清思路的基础上投入更多精力去思考学生事务性工作的科学化与规范化发展，从而在科学的学生发展理论的指导下对学生事务性工作进行高效管理。

大学生踏入大学校门，大多数都超过了 18 岁，属于具有完全行为能力的社会人，但大学生的健康安全时刻牵动着家长和学校的心。作为直面学生的一线教师，辅导员有责任、有义务教育引导大学生学会保护好自身安全。因而，辅导员的第三个角色，就是当好大学生事务工作管理者。当好这一角色，一是要加强学生心理健康教育辅导。辅导员应该成为合格的心理健康咨询员，对学生心理健康上出现的小问题，能够早发现早应对，帮助学生尽快解决，或是协助心理健康教育教师做好相关工作，提升对学生心理危机干预的能力。二是要加强对学生的安全教育。辅导员通过多种渠道引导学生树立安全意识和自我保护意识。三要严格规范学生管理。辅导员对于违法违规违纪的学生不能护短遮丑，隐瞒不报或是不过问不处理，涉及法律层面的问题自然要由司法部门处理，其他的要根据《普通高等学校学生管理规定》和校规校纪严肃处理。同时，要提高风险防控意识，对具有发生危险程度特征较高的学生要重点关注；对大型群体性活动的组织要有风险预判，应事先有安全预案，尤其是室内的大型活动，必须和学校保卫部门协调备案，确保活动安全。

第三节　辅导员的素质要求

一个辅导员的职业素质和能力的高低直接影响到工作开展的成效，影响到工作的成败，影响到大学生成才发展的过程。因而，强调辅导员队伍的素质建设和能力建设对于提高高校学生工作具有重要的意义。一个辅导员必须具备什么样的职业素质和能力呢？首先必须明确辅导员的职责和功能，进而从职责和功能的需求出发，对辅导员提出素质和能力方面的要求。

教育部《关于加强高校辅导员班主队伍建设的意见》中指出："辅导员、班主任是高等学校教师队伍的重要组成部分，是高等学校从事德育工作，开展大学生思想政治教育的骨干力量，是大学生健康成长的指导者和引路人。"由此可以将辅导员的工作归纳为以下几个方面：

一是思想教育工作；二是德育工作；三是学生日常事务的管理工作；四是相关学生服务的提供工作。

一、辅导员职业能力要求

（一）思想教育能力要求

熟悉学生家庭情况、个人特长等基本信息，掌握学生思想特点、动态及思想状况，能通过日常观察、谈心谈话、问卷调查等方式收集学生基本信息，了解学生思想动态；能针对学生关心的热点、焦点问题及时进行教育和引导。能针对学生关注的思想理论热点问题做基本解释。能结合大学生实际，广泛深入开展谈心活动，引导学生养成良好的心理品质和自尊、自爱、自律、自强的优良品格。

（二）学业指导能力要求

了解学生所学专业的基本情况，组织开展专业教育；培养学生学习兴趣，指导学生养成良好的学习习惯，规范学生学习方式行为；组织开展学风建设，为学生营造浓厚的学习氛围。

能初步掌握学生所学专业的培养计划、专业前景等；能增强学生的专业认同和学习热情；能及时发现并纠正学生学习中的不良倾向。

（三）日常事务管理能力要求

开展新生入学教育；做好毕业生离校教育、管理和服务工作；组织好学生军训工作；有效开展助、贷、勤、减、补工作，落实好家庭经济困难学生的资助工作；做好学生奖励评优和奖学金评审工作；为学生的日常事务提供基本咨询，进行生活指导；指导学生开展宿舍文化建设，促进学生和谐相处、互帮互助。

能通过主题班会、参观实践、讲座报告、交流讨论等形式开展入学教育，帮助新生熟悉、接纳并适应大学生活。能通过主题演讲、主题征文、座谈会、毕业纪念册、毕业衫等形式做好毕业生的爱校荣校教育。能为毕业生办理好毕业派遣、户档转出、党组织关系转接等工作。能通过宣讲和谈心等形式做好学生军训动员工作，指导学生积极参与军训。能组织评审各类助学金，指导学生办理助学贷款，组织学生开展勤工俭学活动，为学生办理学费减免和临时困难补助工作。能组织学生开展素质综合测评，公开公正地做好奖励评优和奖学金评审工作。能根据学校相关政策规定及社会、生活常识为学生解答一些日常问题。能指导学生依法维护自身权益。能通过召开宿舍长会议、组织宿舍文化符号比赛等形式活跃宿舍文化。能通过团体辅导和个别谈心等形式化解宿舍学生之间的矛盾。

（四）心理健康教育与咨询能力要求

协助学校心理健康教育机构开展心理筛查；对学生进行初步心理问题排查和疏导；组织开展心理健康教育宣传活动。

能协助心理健康教育机构完成心理筛查的组织实施、能了解大学生的心理特点，熟悉大学生常见的发展性心理问题，掌握倾听、共情、尊重等沟通技能，能够与大学生建立积极有效的师生关系，以帮助学生调适一般的心理困扰。能组织开展形式多样的心理健康教育宣传活动，如举办讲座、设计宣传展板等；能组织学生参加陶冶情操、磨炼意志的课外文体活动，以提高学生心理健康水平。

（五）网络思想教育能力要求

拓展工作途径，加强与学生的网上互动交流，通过网络平台为学生提供学习、生活、就业心理咨询等服务；及时了解网络舆情信息，密切关注学生的网络动态，敏锐把握一些苗头性、倾向性及群体性问题。

能及时把握学生对信息技术的应用趋势；能熟悉网络语言特点和规律；能及时研判网络舆情。

（六）危机事件应对能力要求

对危机事件做初步处理，努力稳定并控制局面；了解事件相关信息并及时逐级上报；组织基本安全教育并建立基层应急队伍。

能第一时间赶赴现场；能尽快确认相关人员基本情况；能执行危机事件处理预案，及时稳定相关人员情绪。能通过学生骨干、密切接触人员等渠道快速了解事件相关信息；能对事件性质做出初步判断；能将相关情况及时向上级领导汇报。掌握基本安全教育方法，能组织开展学生安全教育活动；能培训指导各级学生骨干具备初步应急常识。

（七）职业规划与就业指导能力要求

能及时全面地发布就业信息；能开展通用求职技巧指导、就业政策及流程解读等基本就业指导服务工作。具备基本的职业生涯规划能力，能开展就业观和择业观教育。

（八）理论和实践研究能力要求

攻读并获得教育学、管理学等相关专业学位；参加校内相关学科领域学术交流活动。

能融入学术团队，并运用理论分析、调查研究等方法归纳分析相关问题。

二、辅导员的职业素质

（一）思想素质

思想素质包括三个方面：第一，树立科学的世界观、人生观、价值观；第二，拥有高度的责任感、事业心和奉献精神，即热爱学生工作、不怕吃苦、勤奋工作、无私奉献、勇于探索、不断创新；第三，保持优良的思想作风和工作作风，即实事求是、讲究民主、严于律己、宽以待人、谦虚谨慎、精益求精。

（二）文化素质

如今，高等教育越来越重视素质教育，而素质教育强调发展学生的全面素质，注重学生创造意识和能力的培养，因此，辅导员只有在自己具备较高的文化素质的前提下，才有可能去引导学生求知、探索、发展、提高。这要求辅导员首先要掌握必备的专业知识和技能，如了解教育学、管理学、青年心理学等方面内容；熟悉教育规律，明确价值取向。其次，辅导员还应具有较广泛的兴趣爱好、广博的社会科学知识，使思想性、教育性和娱乐性融为一体，通过健康活泼的活动来提高学生的思想觉悟。最后，具有科学与人文精神，注重传承民族传统文化和世界文化，为提高自身的教学水平和教学能力打下基础。

高校辅导员工作综合性很强，对专业知识性的要求很高，它不仅仅需要辅导员具有相关教育学知识与理论，也需要高校辅导员有丰富的教育学、心理学知识以及方法，职业生涯规划以及管理学的知识与方法等，这些都是一个辅导员所应具备的专业知识素养。同时，高校辅导员处在学生工作的第一线，如何深入学生、了解学生，顺利开展工作，需要辅导员具备广博的知识面、一定的人文科学知识素养，以及学生感兴趣的，诸如足球、篮球等体育知识等。

（三）心理素质

具有良好心理素质的辅导员，应该体现在三个方面：坚忍的意志品格、开放稳重的性格特征、乐观向上的心境状态。辅导员应具有坚忍的意志品格，只有这样，才能产生克服困难的勇气，在困难面前，具有坚强的意志和坚定的毅力。面对成功和失败、顺境和逆境，都能沉着稳定，善于控制自己的情绪，保持冷静。辅导员应保持开放稳重的性格特征，不能把学生当成单纯的受教育对象，更应把他们看作朋友，与他们坦诚地沟通和交心。实践表明，性格开放但不失稳重，且富有吸引力的辅导员，是很受学生欢迎的。辅导员应该保持乐观向上的良好心态，要经常与各种部门打交道，帮助学生解决问题与实际困难，并且在处理学生具体事务中会遇到许多令人烦恼的事。辅导员积极、良好的心态有助于充分发挥积极性、创造性，提高工作效率，顺利克服遇到的困难。另外，辅导员也要自省自重，善于剖析自己、及时改正错误、虚心听取意见，这样更容易赢得学生的尊重。

应对比较烦琐的高校辅导员工作，辅导员必须具备良好的心理素质。良好的心理状态是辅导员顺利进行教育管理、培养学生健康人格的基础。保持和调整自己的心理状态，始终以乐观向上的心态对待工作、对待学生是高校辅导员应具备的基本素养。

一个好的辅导员还要能够很好地进行自我控制和适时转换。辅导员要能够及时地进行自我调节，调整情绪，以饱满的热情面对问题。在遇到突发性问题和危机的时候，辅导员应临危不惧、处乱不惊，做好稳定工作的同时积极寻求办法解决危机。在实际工作中，辅导员要注重加强自身心理素质的修养和磨炼，在注重理论学习的同时更要注重对实践经验的总结和积累，工作经验使个人的心理素质得到提升。

第三章　高校辅导员职业能力的培养和发展

第一节　高校辅导员职业能力与要求

我国的辅导员制度从建立到现在已经经历了半个多世纪，随着高等教育的发展和大学生工作内容的变化，辅导员的职业角色也随之发生变化，辅导员队伍正逐步向专业化、职业化发展。

一、高校辅导员的职业素质要求

（一）高校辅导员职业素质结构的构成

高校辅导员的职业素质一般由四个部分组成，分别是思想道德素质、文化知识素质、业务能力素质和身体心理素质。这四个部分不是泾渭分明或相互对立的，而是相互之间存在着紧密的联系，甚至还会彼此影响。它们共同构成了一种多层次、多维度的职业素质结构。

教育部印发的《高等学校辅导员职业能力标准（暂行）》（以下简称《标准》）对辅导员这一职业给出了明确的定义。通过这一定义我们可以获知，辅导员同时兼具教师的身份和管理人员的身份。此外，辅导员还同时具有骨干力量、组织者、实施者、人生导师、知心朋友等多重角色定位。这些角色定位既相互区分又紧密联系。不同角色定位所要求的职业素质不尽相同，但也存在着一定程度上的共同之处。例如，要想成为教育队伍中的骨干力量，就需要拥有突出的业务水平，还需管理好学生的日常活动，并且应当赢得学生的信任和尊重，成为学生学习和生活上的良师益友。总之，在实际工作中，辅导员应该在各种角色定位之间自由地转换，以符合实际情况的需要。这就要求辅导员在思想道德素质、文化知识素质、业务能力素质和身体心理素质的四方面都处在较高的水平层次，能够将其作为一个整体完美地结合起来，并能灵活地呈现出来。

《标准》中还对辅导员进行了职业等级方面的划分，分别是初级、中级和高级。每个等级都设立了详细的职业能力标准。在实际工作中，每个辅导员都应该根据自己所处等级相对应的职业能力标准来严格要求自己，充分展示出自己真实的职业素质和水平。当然，职业定义也好，职业等级划分也罢，都是为了更全面、更科学地界定辅导员职业素质的整体结构，使其呈现为一个多元素、多层次的统一体。

（二）高校辅导员职业素质结构的优化措施

由于不同地区的经济发展水平和人才需求状况差异很大，所以人才的流动趋势大不相同。各高校在招聘辅导员时，对于辅导员的职业定位和资源配置也不大相同，这就导致不同高校之间的辅导员职业素质能力存在着很大的差异。所以，尽管高校辅导员素质结构的基本组成部分是一致的，但对于其中每个组成部分的具体要求应该根据具体情况而酌情调整。因此，在对高校辅导员职业素质结构进行优化时，不仅应该从思想道德素质、文化知识素质、业务能力素质和身体心理素质四大板块来考虑，还应该从组成该整体结构的各个子系统分别进行考虑；不仅要充分考虑各个素质维度子系统之间的差异以及它们之间的内在联系，还应该充分考虑区域差异、办学层次差异等客观条件所形成的限制。

1.严把入口关，加强思想道德素质培养，培养学习型辅导员

高校辅导员选拔和录用的标准，决定了高校辅导员职业素质的基准线。因此，在进行选拔考核时必须严格按照《标准》所规定的相关标准执行，优先考虑录用政治素质过硬、业务能力强、纪律作风优良的人才。其中，过硬的政治素质是从事高校管理工作的必要条件，而良好的道德品质则是一般高校教师的基本条件，因此，第一轮选拔应该主要考核这两个方面。

2.创新培训机制，提高业务能力，培养全能型辅导员

《标准》规定，高校辅导员必须定期参加教育培训。其中，对刚入职的初级辅导员的培训不应该少于40标准学时（10天）；对中级辅导员的培训累计不应该少于48标准学时（16学时/年，3年总计培训12天）；对高级辅导员的培训累计不应该少于128标准学时（16

学时/年，8年总计培训32天）。这些培训可以采用专题培训的方式，定期在网络上开展。当然，许多高校通过长期的经验积累已经形成一套适合自身发展需求的机制。例如，很多高校建立了自己的辅导员培训和研修基地，设立了专门的辅导员研究课题，划拨专门的活动经费，不断地创新辅导员的培训机制，通过院校间的经验交流、辅导员讲堂、辅导员之家等形式为高校辅导员搭建平台，提供学习的机会，在实践中提高辅导员的业务能力。

3. 重视高校辅导员身心健康，培养健康型辅导员

俗话说，"身体是革命的本钱"，良好的身体素质是进行一切工作的前提条件。所以，辅导员群体尤其需要实践国家所倡导的"三走"活动（走出教室、走出寝室、走出网络）来锻炼身体。此外，各高校还可以根据各自的实际情况，主办一些业余体育活动和比赛，促进辅导员身体素质的强化和提升。

在锻炼身体的同时，也应该注重心理健康。尤其是辅导员这一群体，面对的是大学生的各种困难和问题，而这些困难和问题通常与心理方面有关，所以，要将大学生引导到健康的心理状态，引导他们的辅导员自身就应该具备一颗强大的内心。辅导员保持自身的心理健康，除了可以作为学生的榜样，对学生的心理健康施加影响外，还能提升辅导员自身处理行政事务以及其他各种事务的能力。在关注辅导员的心理健康方面，高校既可以采取举办相关知识讲座等活动的方式，也

可以设置专门的心理健康咨询处，聘请专业的心理工作人员或专家来对每位辅导员进行定期的单独的辅导。

总体来说，辅导员素质结构是一个多层次、多维度的结构，并且还在不断地发展变化着。而青年辅导员由于自身的可塑性给这个素质结构的优化提供了无限的可能性。所以，在加强青年辅导员的素质能力培养的同时，还应该同步优化高校辅导员的素质结构。

二、高校辅导员工作能力的要求

随着全员育人理念的落实，教育不再局限为某部分高校工作人员的职责，而是成了专业课教师、公共课教师和辅导员等各类教育人员的共同事业。其中，辅导员的主要职责是对学生的日常生活的管理。这些工作看似基础、琐细，却实实在在地构成了高校其他教育工作的基础，对于高校人才培养至关重要。

1. 日常管理能力分析

除了教育方面的工作外，管理学生的日常学习和生活，及时处理学生面临的一些困难和问题也是辅导员的职责所在。这涉及学生学习和生活的方方面面，从新生入学、资助工作、评奖评优、党团建设、困难认定、班级管理，一直到毕业生就业指导等。当然，前面的一些内容，包括新生入学、资助工作、评奖评优、党团建设、困难认定、班级管理工作等，都有既定的要求和标准，也有可借鉴的经验，只要经过相关的系统培训，一般的辅导员都可以完成得很顺利。而毕业生就业指导这一项就大不相同，因为不仅每个学生的具体状况不同，而且每年的就业形势都在不断发生变化，这就要求辅导员要从宏观上了解当年的整体就业形势，还要对自己所负责的学生的专业定位和职业规划有所了解，只有这样才能根据学生各自不同的情况有针对性地提供相应的就业指导。事实上，研究数据也印证了这一推断，即多数辅导员难以完美地驾驭毕业生就业指导这一环节。

2. 网络育人能力分析

作为新生代的辅导员，如果不能充分利用网络资源和新媒体技术进行工作，不能占领网络这一教育高地，对于学生的教育的顺利开展将是大为不利的。总之，科技的进步不仅改变了大学生接受新鲜事物的方式，也必然促进包括辅导员在内的教育工作者工作方式的改变。

第二节　高校辅导员职业化发展趋势

一、高校辅导员职业化理念的发展

从确立高校辅导员制度以来，关于"辅导员职业"的相关研究和著述颇丰。其中，胡刚的《略论高校辅导员队伍的职业化》属于比较早的，且富有创见的论述。该文提出，要想完成辅导员群体的职业化建设，就必须为辅导员的准入提供严格且可以实施的标准，与此同时健全准入机制，并明确辅导员的职责和定位等。在高校扩招之前，由于学生人数较少，所需的辅导员的数量也较少。在高校扩招之后，学生数量大幅度增加，相应的，辅导员的数量也进行了必要的扩充，这就充分显示出了这一职业的重要性。

唐亚阳指出，高校辅导员的职业化和专业化除了充分考虑辅导员的政治地位，还要考虑他们的经济地位，甚至学术地位。只有这样，才能改变人们惯常认为的辅导员工作不过是"临时岗位"和"中转站"的观念，使辅导员也能成为一种人们可以终身从事的职业。

江新华在《高校辅导员职业的专业划分问题研究》中先是对"高校辅导员是不是一种职业"做判断分析，根据职业的规定性，认定"高校辅导员是一种职业"，并就"辅导员岗位应该作为一种职业在高校存在"进行讨论并研究。然后，引证 2006 年教育部下发的《普通高等学校辅导员队伍建设规定》中的"辅导员的配备应专职为主、专兼职结合，每个院（系）的每个年级应设专职辅导员"，并以此为理论依据，对高校辅导员作为一种职业，应不应该进一步划分专业领域（思想政治教育专业领域、学生事务管理专业领域、心理咨询专业领域）展开讨论。①

---

① 江新华.高校辅导员职业的专业划分问题研究[J].湖北师范学院学报（哲学社会科学版），2008（6）：117-120.

方宏建在其《关于推进高校辅导员队伍职业化、专业化建设的几点思考》一文中，从三个方面考察了辅导员的职业化问题：一是从业标准方面，即辅导员应该有与其从业标准相匹配的一套完整的制度保障和一个系统的组织机构；二是终身事业方面，即如何规范辅导员职责，使从事这一职业的从业人员能够且愿意将其作为一项终身事业来追求和奉献；三是知识技能方面，即辅导员应该具备什么样的理论知识和实践技能才能实现职业化、专业化这一目标。[①]

赵锋指出，如果要进行高校辅导员队伍职业化建设，首先从观念上必须转变；其次，在辅导员选拔流程上，严格筛选；最后，从辅导员职业规划上讲，进行合理的考核评价机制以保障辅导员职业发展出路。

程海云在《高校辅导员职业思维：问题、转向及其优化》中指出高校辅导员在职业选择、职业活动、职业定位等方面存在工具性思维取向、片段化思维方式、事务型思维倾向等主要问题，应积极实现高校辅导员职业思维的价值性、结构化、创新型的逻辑转向。[②]

高校辅导员职业发展的具体研究视角主要涉及职业能力、职业化和专业化、职业倦怠、职业认同等方面，研究者在职业发展策略、职业能力和职业规划方面也持有相似的观点。随着人们对职业发展的日

---

① 方宏建.关于推进高校辅导员队伍职业化、专业化建设的几点思考[J].高校辅导员，2011（1）：17-23.

② 程海云.高校辅导员职业思维：问题、转向及其优化——基于《高等学校辅导员职业能力标准（暂行）》的思考[J].思想理论教育，2016（10）：102-105.

益关注，对职业发展的反思促使研究者从自身和高校两个角度全面反思高校辅导员的职业发展，高校辅导员职业发展研究的视野也日益扩大。这种扩展主要体现在以下几个方面：

第一，高校辅导员作为一种职业，一直受到研究者的关注和研究。作为一种职业，我国高校辅导员确实经历了从高校教师"兼职"就业到专业教师与专业辅导员"专兼职结合"再到专业辅导员"专兼职结合"的发展过程。到 2006 年，高校专职辅导员队伍的社会地位得以确立，辅导员作为高校的一种职业也得到了认可。

第二，辅导员职业发展作为高校师资队伍建设的主题，日益成为热门话题。随着高校辅导员成为高校的一种职业，高校辅导员职业技能竞赛已成为一项日常工作。高校辅导员职业能力提升与职业发展困境的探讨正式成为一个话题。

第三，辅导员队伍建设是辅导员职业发展的重要组成部分。"职业倦怠""职业困境""职业认同"一直是各个研究时期重点关注的话题。在以"辅导员职业发展"为关键词的学术期刊中，以"职业倦怠"为研究内容的学术期刊居首位，其次是"专业化"和"专业能力"，再次是"职业发展"和"职业认同"。辅导员的职业发展是促进高校教师发展的重要组成部分，辅导员职业认同的缺失是其职业倦怠的主要原因。①

---

① 江丽娟. 高校辅导员的角色定位与队伍建设 [D]. 桂林：广西师范大学，2007.

二、高校辅导员职业化趋向探索

辅导员是高校教师队伍的重要组成部分。建设一支高素质的辅导员队伍，对高校实现人才培养目标具有重要意义。辅导员职业的相关研究始终与教育兴国的理念紧密地联系在一起，并且越来越成为教育领域内一个重要的研究课题。下面将从三个方面对这一研究课题进行初步的论述。

第一，与辅导员职业相关的研究可以从以下几个方面进行探索：一方面，辅导员不应该将工作内容限定在管理学生日常事务上，而应该将工作重心放在关心学生的思想状况、心理状况、就业指导及个人发展等对学生的成长和成才具有重要意义的方面。在这样的实践工作的基础上，通过学习、反思和不断总结，形成一套行之有效、普遍适用的管理经验和成果，为辅导员职业本身的发展做出应有的贡献。另一方面，辅导员的身份定位决定了辅导员职业发展的方向。这种身份定位首先来自辅导员所处的教育系统，即辅导员所在的院校应该明确界定辅导员的工作内容，指明辅导员的职业发展方向，为辅导员提供一个相对宽松的工作环境和具有广阔前景的发展空间。当然，辅导员也应该明确自身的定位，在进行日常工作的同时，还要找准奋斗的方向，并根据实际情况，积极学习理论并实践，逐步成为一名具有专业水准的高素质从业人员。

从以上分析来看，不管是辅导员的职业要求问题，还是辅导员的晋升空间问题，都应该有制度性的保证，才可能走得更远。由于高校辅导员是高校重要的基础构成部分，所以辅导员制度本身的完善与否直接关系到高校的基础工作是否能正常进行。提高高校辅导员的职业发展水平，在某种程度上也会使高校整体的教育水平上一个新的台阶。①

第二，高校辅导员职业发展相关的研究应该寻求思路和方法上的突破。改变辅导员职业相关研究的研究方法，从不同的视角研究辅导员的职业发展问题是大有必要的。与前面提到的定量实证分析的研究方法不同，定性研究在一定意义上更能揭示辅导员职业所拥有的一些显著特色。这里的定性研究主要是指对一群小规模、精心挑选的样本个体的研究。这种定性研究没有定量研究那种统计显著性方面的要求，但它对研究人员本身的经验、敏感性及分析技术提出了更高的要求。在研究辅导员职业时采用定性研究方法主要是基于以下考虑：一方面，定性研究收集的样本往往比定量研究所收集的数据更具体、更真实；另一方面，高校辅导员是一种理论与实践紧密结合，甚至在某种程度上更偏向实践的职业，其从业人员是一些有思想、有能力、有追求的鲜明个体。因此，辅导员的职业发展不仅是一套研究者眼中的客观理

---

① 王玉娟.新时代高校辅导员职业发展研究：现状与前瞻[J].高教学刊，2021，7（13）：169-172.

论，同时也是高校辅导员自身的职业经验和个人价值表达。在定性研究中，研究者可以选取具有典型特征的辅导员，采用面对面访谈的方式来深入调查辅导员群体对于他们所从事的职业的切身感受和期待。在此基础上，总结得出不同类型的辅导员的职业共性和差异，从而对辅导员职业本身得出更为全面且深入的看法。

第三，通过对辅导员职业研究的总结分析可以得出辅导员职业发展的具体内容与路径。许多研究者觉得对"辅导员职业研究"这一课题的研究只可能在"措施"和"策略"层面提出一些粗略的构想，而无法提出现实中行之有效的具体方案。然而，辅导员职业作为一项实践性很强的教育类工作，有着自身独特且确定的工作内容。[①] 因此，笔者想要借助一系列精心设计的定性研究方案，揭示辅导员职业发展的典型情况以及其所代表的一般特征。具体操作步骤如下：

首先，关于怎样选出的辅导员才具有足够的代表性的问题，可以从工作年限、学校教育程度、个性差异和个体年龄等方面进行选择。之所以进行如此分类和选择，是为了保证选出来的个体能够充分代表不同个性、不同专业和职业方向的辅导员的职业发展和定位，在此基础上得出的研究成果才具有推广、借鉴的价值。其次，还应该根据当前高校辅导员的业务方向来分类研究，具体可以分为以下几种类型：理论学术型——主要针对的是具有较高教育水平、能够结合自身工作

---

① 杨亚庚. 我国高校辅导员职业发展研究 [D]. 东北师范大学，2014.

开展学术研究并取得相应成果的辅导员个人代表；务实创新型——主要针对学历不高，但实际操作业务能力较强，对大学生创新创业实践有极大热情并取得成绩的辅导员；生活指导型——主要针对热衷于大学生学习生活、心理咨询、情感疏导、关系处理等的个别辅导员。根据辅导员职业的初步分类，应对高校辅导员进行职业培训和指导，从而形成对高校辅导员职业研究发展方向和职业取向的研究，从根本上稳定高校辅导员队伍建设，真正实现高校辅导员职业发展研究。这一方面可以保证高校学生工作管理和学生教育的顺利开展，另一方面可以保证高校辅导员个人的发展。在团队建设的稳定发展中，个体辅导员可以获得自身的发展，充分体现自身的价值和社会地位。

第四章　大学生的教育管理和学习生活辅导

当代大学生大多数为独生子女，成长在家长的簇拥下，他们是一个更年轻、更自信的青年群体，但这个群体由于自身的生理和心理限制，常常会出现一些特殊的问题，这就需要高校辅导员对其进行相应辅导，使其更快、更好地适应大学的学习与生活。

第一节　大学新生的入学教育管理

一、大学新生入学教育管理的思想引领

（一）引领大学生快速适应大学环境

新生入学，面对全新的大学生活，往往手足无措，辅导员要了解新生的特点，帮助其顺利完成角色转变，塑造大学生心态，适应大学生活。概括来说，新生应该从以下几方面来适应大学生活：

1.环境的适应

对大学生来说，面临的第一个重大变化便是环境的改变。在进入

大学之前，大学生基本生活在家庭中，处于家长的帮助、照料和监护下，自我活动的空间很小。而大学生在踏入大学校门后，在大学环境较中有了很大的变化，且学习生活随之也发生了重大改变。高校环境是按照成人的方式来对待大学生的。这种转变使大学生在这个过程中不可避免地出现不适应。这些都应该是大学生在进入大学校园前要做好的心理准备，并在进入校园后尽快予以适应的。

以上所说的是关于自然环境适应的相关内容，除此之外，大学生还需要对人文环境进行适应。大学往往都拥有深厚的人文底蕴、独特的文化内涵，因而大学生在校园里享受着知识与校园文化的熏陶，这是大学的一项资源与财富。但是，有一些大学生无法从这种人文环境中获得自己需要的养料。具体表现在以下两个方面：

第一，大学里要求上课与日常交流都要使用通用语言——普通话。这种语言环境使得部分普通话基础不好的大学生产生了不适感。尤其是一些来自偏远地区方言很重的大学生，别人经常听不懂他说话，上课不敢提问与发言，压抑了其与人交流的欲望。

第二，大学一般有丰富多彩的课外活动与社团组织。有不少大学生都根据自己的特长参加了各种社团，天天有各种各样的娱乐活动。然而，也有一些大学生看别的大学生积极地参加，自己虽然也想参加，但不知自己的特长是什么，于是因找不到位置而一时迷失其中。

大学生活对独立生活的要求很高，自我管理意识与能力更加重要。

大多数大学生远离家乡与父母，一些独立能力差、依赖性强的大学生就出现了不适感。

2. 学习的适应

大学生在进入大学校园后，在学习内容、任务和方法上都发生了深刻的变化，注重自学、学会学习、发展能力已是大学学习中较为突出的方面。

3. 生活的适应

大学的生活相比中学的生活来说，也发生了不小的变化。因此，大学生应有充分的心理准备，以便更好地适应大学生活。

对于上述大学新生的适应问题，高校辅导员要通过思想引领，帮助他们快速适应大学生活，完成角色的转变。就社会角色的变化而言，如果说中学生是祖国的花朵，那么大学生便是社会成长中的脊梁，大学生要明确自身定位，用成年人的心态来审视自身的社会角色，关注社会的发展与动态，规划自身发展。面对生活角色的变化及脱离父母保护的境遇，大学生要学会照顾自己的起居，凡事自己动手。大学生来自五湖四海，文化的差异在这里得到了充分的体现，要学会尊重彼此的文化、饮食与习俗差异。两点一线的单调学习生活方式已不再适合大学生，大学生要走出校园，更多地参与到各类社会活动中，不断地磨砺自我，以成人心态去学习社会生存技能。

（二）引领大学生学会明礼守信

明礼守信是大学生德育的根本。以树立大学生文明意识、增进大学生修养为目的的新生德育引领具有重要的实际意义。具体来说，引领大学生学会明礼守信应该做到以下两个方面：

1.道德规范教育

大学生正处于人生中最关键的塑形的阶段，个人素质与修养潜移默化地影响着个人的行为取向和行为模式，养成良好的文明行为和礼仪规范是做人、做学问的根本，也是塑造文明校园文化的基础。为此，高校辅导员要引领学生学习校园文明礼仪。

（1）宿舍文明礼仪。第一，同学之间要互相尊重、包容彼此的生活、习俗等。第二，保持个人及公共区域整洁，如及时冲洗厕所。第三，规律作息，关注舍友状况，不大声喧哗、不影响他们休息。第四，礼貌待人，关爱舍友等。

（2）餐厅文明礼仪。餐厅文明礼仪要求尊重食堂工作人员，文明排队，洁净用餐，餐后随手处理残留，爱护公共设施。

（3）图书馆文明礼仪。图书馆文明礼仪要求爱护图书，轻声轻脚，不在馆内饮食、不恶意占座等。

（4）教室文明礼仪。教室文明礼仪要求不迟到、不早退，尊重师长，爱护公物，不将教室当作恋爱、约会场所等。

2.法规校纪教育

"没有规矩，不成方圆"，新生入学思想引领要做好法规校纪教育。法规校纪是约束学生的基本准则。大学生首先是社会个体，需要肩负起自身言行的责任。校园作为大学生学习生活的主要场所，也要有自己的校规校纪来规范、约束大学生的行为，结合新生的入学校规校纪，辅导员要引领大学生了解学校的历史和文化，遵守校规校纪的各项规定，做文明守纪的大学生。

（三）引领大学生明确未来前进的方向

有些大学生在入校前，对所学专业缺乏了解。针对这种情况，辅导员应做到以下两个方面：

第一，对所带班级学生的专业情况有一个全面、系统的了解，对专业培养目标和培养计划了如指掌，对本专业毕业生知识、能力和素质要求及就业前景有一个清晰的认识，这样才能对学生提出的有关专业学习和发展方面的问题及咨询进行解答。

第二，要对学生进行持续有效的专业教育，通过开展专家教授对专业的介绍会、高年级同学的学习经验交流会、已毕业学生介绍工作经验等专题讲座活动，不断深化学生对所学专业的认识，激发专业学习兴趣，树立正确的学业观。

只有这样，学生才会在学习上积极进取，刻苦钻研，创造佳绩，从而形成良好的学习习惯，促进良好学风的建立。

（四）引领大学生学会包容与自信，快速融入集体生活

大学是包容和开放的，正是文化的碰撞才造就了更多自我实现的可能。新生入学教育管理思想引领要帮助学生认识到多元文化间的差异，包括地域、民族、生活习惯、知识水平等众多方面的差异，引导学生尊重文化差异。在大学的生活中要学会包容和自信，以己之长比彼之短让自己自信，以彼之长补己之短让自己进步，在彼此尊重中互相学习才是自我实现的正确方法。

二、大学新生入学教育管理中的日常工作管理

（一）全面规划、筹备迎新工作

全面规划、筹备迎新工作具体包括以下几个方面的内容：

1. 自身准备调整

教育部《普通高等学校辅导员队伍建设规定》（2017 第 43 号令）指出："辅导员是开展大学生思想政治教育的骨干力量，是高等学校学生日常思想政治教育和管理工作的组织者、实施者、指导者。辅导员应当努力成为学生成长成才的人生导师和健康生活的知心朋友。"其对辅导员的定位是德育教师、大学生思想政治教育的骨干力量以及大学生健康成长的指导者和引路人。辅导员是一个职业，但没有哪个职业有它这般模糊的定位。辅导员身上肩负着重大的责任与义务，这是每一个辅导员都应该明确的身份定位。在面对学生之前，新入职的

辅导员要通过书本阅读、培训学习等形式熟悉辅导员工作中的奖优助贷、班团党建等各项事务的处理及心理、管理、谈判等沟通处理技能。同时，一定要重视与辅导员前辈的交流学习，从交流中掌握辅导员工作中各种突发状况与学生个体的灵活处理，熟悉基本原则及上报处理流程，为可能发生的重复性事件或突发性事件做好准备。

2. 确立管理体制

确立管理体制应从以下几个方面入手：

（1）引入外部力量。在学生管理方面，如班级导师、班主任（领航学长）等师资力量与朋辈力量的引入得当，都可以从不同角度对学生的管理起积极作用。辅导员要利用好这些引入力量来开展学生教育工作，制定相应规范，确立班主任交流会、班主任工作日志等工作体制。

（2）确立年级制度。在新生入学管理中，辅导员要结合相关规定做好各项年级制度的确立及通知工作，规范化组织管理、奖惩办法、考勤制度及安全监管等管理细节，做到有章可循、客观公正。

（3）充实学生管理队伍。学生骨干队伍的组成主要可分为党支部、班委会、团支部、宿舍、年级组等类别，它们涵盖了学生生活中的各个方面。应以党支部工作为核心，发挥领导作用；以团支部工作为抓手，突出服务和育人功能；以班级工作为基础，提升集体荣誉感和凝聚力；多团体协同发展才是学生管理队伍的建设之道。

3. 调研挖掘人才

调研挖掘人才应从以下两方面着手：

（1）特长发掘。文艺、体育、学识等方面见长的同学将在今后的大学活动中发挥重要作用。辅导员要做好这类同学的挖掘、统计工作，提前了解特长分布，为军训活动做好人才储备。

（2）骨干选拔。一般来说，骨干选拔主要采取学生全体投票选举、辅导员指定、学生代表讨论推优三种方式。这三种方式各有利弊，但辅导员指定最适合临时骨干的选举。迎新前及迎新中，辅导员要充分利用手头已有的材料，结合各平台的情况，坐镇现场、走访宿舍，利用当面交流的机会挖掘骨干人员，确立班级男女临时负责人、军训班长、宿舍长等职务人选，确保有效开展管理工作、培养学生骨干。

4. 做好学生资助工作

我国高等教育现阶段困难学生资助实行的是国家奖助学金、国家助学贷款、学费补偿、贷款补偿、勤工助学、困难补助等多种方式的混合资助体系。高校辅导员一定要做好家庭经济困难大学生的认定工作，以便更好地开展大学生资助工作。

（1）认定原则。进行家庭经济困难学生的认定工作时，应遵循以下原则：

第一，充分考虑高校所在区域的平均生活水平。

第二，对家庭经济困难学生的一些必要开支，如学习需要的高档电子设备等，要具体问题具体分析，不可一概认定为"高消费"。

第三，困难标准的划分要考虑物价上涨、学生需求等诸多因素，不可守着标准线一成不变。

第四，资助工作应做到公开公正，但不可未经允许大肆宣传，要充分考虑学生的感受。

第五，资助工作不可停留在被动接受申请阶段，要充分发掘潜在的出于尊严或职务等制约因素未申请资助的家庭经济困难学生。

第六，资助工作不只局限于金钱的给予，更重要的是对家庭经济困难学生的人文关怀与奋发上进正能量的传播。

（2）认定标准。家庭经济困难学生是指无力支付或者不能完全支付大学学费、住宿费和大学所在城市最低生活费用（满足吃、穿、行等基本需求）的大学生。高校家庭经济困难学生的认定标准较难完全通过客观的量化指标进行认定，需根据所在学校资助部门的要求，在不违背相关章程的前提下，结合材料审核、专家判定等形式，遵照流程进行综合考量。

（3）认定途径。家庭经济困难学生的认定是学生资助工作面临的首要难题。进行学生家庭经济困难认定的途径主要有以下三类：

第一类，通过高校随录取通知书下发的方式要求学生填写《家庭经济调查表》，并加盖民政局、街道办事处等单位的有效公章，作为新生家庭经济情况的初步判定标准。

第二类，学生于迎新现场递交相应材料、申请困难资助。

第三类，辅导员或同学通过观察，了解符合资助条件但未主动申请资助的学生，照顾家庭经济困难学生。

5. 迎新布置培训

作为展示学校、学院风采的第一现场平台，迎新现场的精心布置是送给大学生的第一抹温暖，也是迎新过程中纷繁的手续能够有条不紊完成的根本保证。具体来说，迎新布置一般包括以下几个方面：

（1）组建队伍。迎新工作一般会由学生会配合辅导员完成。辅导员在迎新工作开始前要与学生会迎新队伍骨干成员进行沟通，熟悉成员、明确团队分工并了解往年迎新工作的开展情况。在明确基本情况后，辅导员要结合学校（如工时、薪酬等）奖励政策，交由学生会进行志愿者招募，保证足够的时间，确保迎新队伍人员的充足及培训的充分。报到开始前，如果新生党员相对其他同学提前入校，可由新生党员组成党员服务站，负责迎新过程中的咨询、引领、服务等工作，从入学开始就树立党员积极形象、强化党员服务意识。

（2）设计流程。新生报到需要办理的手续一般包括个人信息的查询与确认、填写并上交学籍卡和学生证等材料、办理住宿手续、办理助贷手续、办理军训手续及领取相关物资等。设计报到流程要考虑材料的先后顺序及人员的现场分布情况。学生领取的相关物资建议事先由迎新志愿者使用资料袋统一装袋，考虑该资料袋将成为绝大部分同学入学阶段使用的材料袋，有条件的可在资料袋上填写学生姓名以方便学生区分。学生资料袋内可包括以下材料：报到顺序表、迎新流程图、学生基本情况登记表、迎新活动安排、学籍登记卡、学籍卡填写须知、导师联系表、学生证、住宿协议、住宿卡、军训物资领取条、军训须知、一卡通、新生安全提示、安全与警情提示、学费收据、学生手册、安全手册、保险手册、校徽等。

（3）现场布置。迎新开始前，学校会提前统一开会来布置迎新现场分区并做流程说明，辅导员需要仔细按照要求进行现场布置。现场布置应至少包括通知公告区（建议同时设立人工咨询台）、报到区（建议禁止家长进入）、家长休息区三个区域。

6. 组织召开第一次年级会

第一次年级会应包括以下几方面的内容：

（1）鲜明的自我介绍。第一次年级会是辅导员真正意义上的首次亮相。开会之前，一定要仔细构思鲜明的自我介绍。

（2）负责人及规则介绍。要将学校或年级重要的规则向学生交代清楚，简明扼要，不可过于繁杂。同时，将选出的临时负责人介绍给大家，并交由负责人会后处理相关简单工作，帮助负责人建立班级认可度。

（3）健康安全知识教育。很多入学新生可能第一次离开父母独立生活，对自身身体健康问题不能及时发现处理，对周边充满单纯的好奇，容易受到不法分子的欺骗。在第一次年级会上，要借助案例等生动的方式，将基本的健康及安全知识传递给学生，让学生顺利迈出独立的第一步。

（4）布置安排相关事宜。开学之初将会有众多针对新生的活动，第一次年级会上要引导学生正确使用手头材料，及时参加各类活动、考试，并重点介绍军训的相关安排，为军训工作的顺利开展做好准备。

（二）有效进行军训教育

军训能够有效加速新生的适应与集体磨合，是大学生入学面临的第一项挑战，也是辅导员培养、考查学生骨干的重要平台。在进行学生军训前，结合学校军训安排及新生教育设计，辅导员需要做好以下军训事宜的准备工作：

1. 物资准备

物资准备包括个人物资准备和团队物资准备两方面内容。

（1）个人物资准备。建议学生准备的基本个人物资有被套、床单、秋衣、秋裤、换洗衣物、毛巾、脸盆、饭盒、餐具、饮水用具、洗漱用具、小锁、《学生手册》、《军事理论教材》、笔、笔记本以及军训费、保险费等在军训基地收取的钱款。具体情况视学校及基地要求而定，建议学生勿携带贵重物品前往军训基地。

（2）团队物资准备。军训中需要提前准备的团队物资主要有各类名单打印版（军训基地条件有限），晕车药等常用药品（基地一般设有医疗室，必要时也可前往就医），军训文艺活动中可能用到的横幅、展板、乐器等实体物资及电子材料，需要提前下发给学生的《新生军训须知》，等等。

2.组织准备

组织准备通常包括以下几方面内容：

（1）分班定制。军训模拟军队管理模式进行，受训前辅导员需要按学校要求，完成团、连、班及宿舍的编排。考虑学生磨合及集体观念的培养，编排原则可基本按照教学班级的顺序进行，但要考虑同学特殊情况及骨干培养对象的分布，为更多有潜力的同学提供锻炼机会。

（2）技能小组。军训过程中，简报大赛、合唱拉练、展板制作、绘图摄影等文艺活动丰富，需要大量多才多艺的同学参与其中。结合迎新调研，辅导员可提前组建相关小组，提前做好方案设计与物资准备。

（3）骨干选拔。军训中，无论是训练现场、文艺活动还是生活区组织，都需要大量骨干同学的力量。在军训开始前，辅导员要确立副班长（班长一般由教官担任）、宿舍长、餐桌长等职务人选。

3.过程管理

过程管理的内容主要包括以下几方面：

（1）健康保障。军训是为了锻炼学生，在此过程中，学生的安全是一切活动开展的前提。军训中经常出现平常身体健康的学生突然中暑等情况，因此，在入学报到时一定要做好调查工作，按照学校规定允许不适宜参加军训的学生缺勤，避免突发情况。同时，各连队要做好后勤保障工作，保证每天训练场的饮水、药品充足，时刻留意可能出现的健康状况。

（2）出勤考绩。要明确训练、就餐、休息等不同时段的点名考勤制度，严抓出勤和考绩，保证训练效果。军训时形成的优良学风，对大学阶段的管理极为有利。

（3）连队管理。军训是辅导员与教官分工合作的过程，在连队管理过程中教官主要负责训练场，辅导员负责其他。连队内几名辅导员需要分工合作，分别主攻训练场的巡视、后勤整理、文体活动等，做到统一整体下的有序分配。

（4）风气整治。军训条件艰苦，训练任务繁重，学生难免会出现倦怠情绪。辅导员要时刻谨记自身使命，保持阳光饱满状态，传递正能量，及时组织拉歌等传统形式活动、筹备集体生日等惊喜活动鼓舞学生士气，以提高学生热情、保证训练效果。

（5）比赛评比。军训基地条件艰苦，时间紧迫，但合唱比赛、定向越野比赛、展板大赛、简报投稿、内务评比等集体活动，演讲比赛、投稿大赛等个人比赛十分丰富。作为团队负责人，辅导员要提前做好相应的准备工作，帮助学生争得各类荣誉，提升团队凝聚力、鼓舞士气。

三、大学新生入学教育管理中突发事件的应对

（一）突发事件处理的原则

辅导员在面对突发事件时，一定要注意遵循以下原则：

第一，发现问题必须及时。

第二，汇报必须迅速。

第三，处理方法必须得当。

第四，处置后果必须合理，可预期、可接受。

第五，遵守学校规范，尽可能地保护学生。

对于把握不准的突发事件要及时向领导汇报，征询意见，不可擅自处理，避免导向性错误。

（二）处理突发事件的措施

面对突发事件，高校辅导员应做到以下几点：

第一，通过心理排查、家庭访问等方式获取学生信息，确立重点关注学生名单。

第二，通过班会、深度辅导等方式了解学生动态，加强对学生的日常教育。

第三，通过学生党员、班干部、宿舍长等密切关注、帮助有问题学生，发现问题及时阻止、及时上报、及时解决。

第四，与学生家长联系，通知情况，听取意见，获取支持。

第五，与学生班主任、任课教师、老干部辅导员等保持密切联系，辅导员解决不了或不方便解决的问题可以请求他们提供帮助。

第六，对于存在特殊问题的学生，要成立专门的帮扶小组，帮助学生成长。

需要注意的是，辅导员要清楚相关法律法规和学校的规章制度，夯实处理突发事件的知识基础，面对复杂局面的时候要思路清晰、方法得当、判断准确、果断勇敢。

第二节 大学生学习与生活辅导

一、大学生学习辅导

大学生的学习状况是体现高校办学水平、衡量人才培养质量的重要指标，所以高校对大学生学习的辅导非常重视。大学生学习辅导主要是向大学生提供学习方向、学习策略、学习规划和学术指导等方面的服务。做好这些服务工作有助于教育教学综合改革的深化，有助于培育大学生的健康人格，有助于形成"全员育人"的氛围。

（一）大学生学习辅导的原则

1. 自主学习原则

目前，在大学生学习中出现的一个显著问题就是学习动力不足。

有不少大学生学习目标模糊，对学习提不起兴趣，总是被动地去学习。所以，辅导员在学习辅导过程中要注意激发大学生的内在学习动力，将学习动力的激发与大学生的自身特点、兴趣爱好结合起来；充分强调大学生的主体地位，使其树立对社会、家庭和个人的责任感。

2. 点面结合原则

大学生学习辅导既要开展面向全体大学生的学习辅导（如专家讲座、系列化的辅导课等），也要开展面向不同群体、不同专业或个人的学习辅导（如学习方法辅导、学习问题专题辅导、学习规划咨询等）。也就是说，大学生学习辅导要有点有面，点面结合。对辅导员来说，在辅导工作中要注意不能只做各类学习辅导活动的叠加，而要充分考虑到不同阶段、不同受众的具体情况，做到因地制宜、因势利导，在提高大学生学习辅导普及率的同时也要注重提升个性化的咨询服务水平。

3. 理论与实际相结合原则

大学生学习辅导既要有理论传授，也要有针对具体教学实践活动的培训和辅导，要在提高大学生学习能力的同时，增强大学生学懂会用、学以致用的综合能力。各类学科竞赛、课外学术科技作品竞赛、创业大赛等就是很好的理论联系实际的平台。辅导员要注意为大学生搭建平台、配备资源，帮助他们在学习上真正有所成就。

4. 分层分类原则

辅导员在制订辅导计划时必须考虑年级学生个体的不同特点，进行科学合理的个体或团体辅导。一般来说，大学一年级偏重于学习适应辅导，主要帮助大学生适应自主生活、学习方式，增强自我调控力；二年级偏重于学习规划辅导，主要帮助大学生掌握好专业知识和实践技能；三年级偏重于加强学习创新辅导，主要帮助大学生拓展专业知识与技能，并深入科研；四年级偏重于学习发展辅导，主要是帮助大学生完善学习目标、提升职业素质，完成从学习到就业的转变。

5. 创新发展原则

大学生学习辅导要紧跟信息化发展趋势，积极利用网络技术手段为大学生学习辅导工作创建信息化平台，如建立学习辅导网站、学习信息发布系统、学习预警系统及学习交流群组等，强化大学生学习辅导人员与大学生间的互动，创造性地发挥大学生学习辅导的功能，更好地为提升大学生的学习辅导信息化水平服务。辅导员作为与教师、学生群体都紧密联系的桥梁与纽带，不仅要清楚学生的学习情况，也要了解教师的教学目标，是整个"教"与"学"环节的交叉领域，最容易产生新思想、新方法。因此，其应注意走在学习辅导工作创新的最前沿，创造性地开展学习辅导工作。

（二）大学生学习辅导的类型

1. 学习适应辅导

这种学习辅导主要是针对大一新生而言的。学习适应既包括学生对大学教学方式和学习环境的被动适应，也包括学生在学习过程中对学习动力与行为的主动调整。很多新生入学时，由于对一切还比较陌生，容易出现学习目标不明确、学习动力欠缺、自主学习意识较弱、学习环境适应障碍等现象。所以，辅导员要尽早着手开展学习适应辅导工作，可以邀请任课教师和优秀学长举办学习方法交流会、开展班级集体自习和集体晨读、举办专业解读专题讲座等，激发学生的学习兴趣，进而帮助新生明确学习目标，掌握学习方法，适应大学的学习。

2. 学习规划辅导

学习规划从属于职业生涯规划，是职业生涯规划在大学阶段的体现。它是指大学生在知己知彼的基础上，从自身特点和兴趣出发，结合实际情况和社会需求，确定职业发展的方向，制定大学学习的总体目标和阶段性目标以及实现目标的步骤和实施方法。学习规划如何对大学生日后的学习和工作都有着重要的影响，所以，学习规划辅导意义重大。在学习规划辅导中，辅导员应当注意帮助大学生做出正确的自我评价，让他们知道自己的兴趣、爱好、能力和特长；让大学生进行学习规划的动力测试，使他们明确影响自身愿望与成功愿望的动机、挫折承受的动机、人际交往等；帮助大学生制定实现目标的步骤和措施，这些步骤和措施要尽可能地细致一些；帮助大学生对学习规划进行评估，从而及时进行总结与反思，找出改进的方法和措施。

3. 学习求助辅导

这是针对学生的学习求助行为而产生的一种辅导，旨在帮助学生解决遇到的学习困难。一般情况下，大学生要么是在学习策略上出现问题而发出求助，要么是在某一具体学习内容上遇到障碍而发出求助。对于学习策略的辅导，辅导员要运用专业技术，通过各种方式，让大学生学习和掌握最优学习策略，使其学习过程的自主意识和自我调控能力得到增强，最终帮助大学生学会学习；对于学习内容的辅导，辅导员可根据大学生遇到的具体问题具体对待，辅导方式一般分为详细解答、提供思路、点拨难点三种。

4.学习创新辅导

学习创新辅导主要是为了促成大学生优势累积的形成，使之在具有较强的学习自信心和积极的学习态度的基础上，学习积极性得到激发，学习成绩得到提高，创新意识和创新能力得以培养。辅导员可以通过让大学生参与科技研究和素质拓展活动来锻炼他们独立解决问题的能力和创造性素养。

（三）大学生学习辅导的途径

为了使大学生个体在适应的基础上获得最有效的学习发展，使其学习潜能得到充分发挥，高校辅导员应注意采取多元化的大学生学习辅导途径。以下就是几个比较有效的途径：

1.系列化的学习辅导课程

辅导员应主持开设以学习为主线的系列课程，课程内容包括学习规划课程、职业规划课程、心理健康教育课程、法纪安全课程、考研出国指导课程、就业指导课程等。除了主线的正式课程，还可以针对不同专业、不同群体的大学生开设一些非正式课程，如不定期的专家讲座和专题辅导等，从而更好地补充正式课程的一些不足。

2. 个性化的学习咨询与辅导

大学生的个性化差异非常明显，投射在学习上就表现为大学生的学习需求多种多样。因此，高校应充分尊重大学生的个体差异，借助心理测量、职业测评和查阅大学生档案等方法和手段，了解、把握大学生的个体心理特征，在此基础上有针对性地开展学习咨询和辅导。比如，针对大学生的一些较为专业与独特的学习困难，辅导员可以邀请业内知名专家开设专题讲座，向大学生解答。

3. 利用网络开展学习辅导

随着信息技术和互联网的飞速发展，当今世界已进入信息化网络的时代。在这一时代背景下，高校应当利用现代网络技术信息量大、灵活性强、匿名性和可以扩充内容等特点对大学生进行学习辅导。比如，辅导员可以利用网络的各种优势来提高大学生的参与度，提高大学生的学习兴趣，激发大学生的学习潜能，帮助大学生全面、系统地掌握科学的学习方法和学习策略，提高大学生的学习质量。

二、大学生生活辅导

大学生生活辅导是指辅导员综合应用多方面的知识为大学生提供

有关生活方面的各种辅导，以帮助大学生树立正确的生活态度，养成良好的生活习惯，形成科学、健康、文明的生活方式。

科学的生活方式是指在科学理论和科学知识的指导下，建立合理、和谐、稳定的生活方式。其主要包括三方面的内容：一是对自己的经济条件、所处环境、消费能力等有清晰的认识，能够很好地把握生活节奏，安排各项活动；二是利用科学知识、生活知识来指导、规范自己的生活方式，有规律地生活；三是实现自由、全面的和谐发展。生活的本质是追求幸福，全面提高和发展自己是幸福的重要组成部分。

健康的生活方式是指在学习、生活、娱乐中，能够积极促进个人身心和谐发展的生活方式。它主要包括两方面的内容：一是具有积极向上的生活心态，健康与心态密切相关，大学生应该具备乐观、自信、坚强、进取等精神风貌和心态，促进身体和心理和谐发展；二是合理把握生活中的"度"，不沾染不良生活习惯，大学生应理性地认识和对待各种生活方式，做到进退有方、操之有度。

文明的生活方式是指建立在物质基础之上，与社会发展相适应的适度理性的生活方式。它主要包括四个方面的内容：一是坚持量入为出的消费标准，即根据自己的收入确定消费观念和消费方式；二是保持艰苦朴素、勤俭节俭的原则，大学生不直接从事生产劳动，其消费来源于家庭的帮助，因此要保持节俭；三是大学生正处于知识、思想、境界提升的重要阶段，所以需要提高自己的思想境界，树立正确的人生态度，养成文明的行为习惯；四是生活方式的选择不能影响和危害社会和他人，生活方式具有个性化，但个性的展示和自由不能影响他人的权利和社会的秩序。

高校要培养大学生这种科学、健康、文明的生活方式，就要从多个方面出发进行有效的生活辅导。生活辅导的内容包括消费生活辅导、闲暇生活辅导、宿舍建设辅导、班级文化建设辅导、人际交往辅导等。下面主要对消费生活辅导、闲暇生活辅导、宿舍建设辅导进行阐述。

（一）大学生消费生活辅导

针对大学生的消费问题，高校应当增加消费观教育、消费知识教育、消费生态意识教育、节约教育、理财教育、消费经济来源教育等内容，引导大学生树立科学、文明、健康的消费观念，推动大学生养成科学、文明、健康的消费行为。这些教育内容可通过以下几个途径来实施：

第一，课程教学。课程教学是指通过课程教学方式，使大学生获取生活消费方面的知识。大学生的消费知识贫乏，近年来在消费方面出现的问题越来越多，所以在大学里开设消费教育课很有必要。

第二，专题辅导和活动辅导。专题辅导和活动辅导是指通过开展形式多样的消费知识专题讲座和消费教育活动，将消费教育落到实处，融入大学生的文化生活，促进大学生良好的消费心理和行为的形成。

第三，校内大众传播工具是生活方式的舆论引导。利用高校的校园网、广播站、校报、团刊、宣传栏等传播媒介进行消费教育，摄制电视片，开设消费知识专刊、专栏，举办专题游艺会、晚会，将消费知识信息融入其中，引导消费舆论。这种消费教育影响面宽、形式生动，可以收到较好的教育效果，引导大学生的合理消费。

（二）大学生闲暇生活辅导

闲暇生活是人们生活中很重要的一部分，是促进个人身心健康、提高生活质量必不可少的重要因素。积极的闲暇生活给大学生带来的不仅是当时的感官享受和精神享受，而且还能在劳逸结合、张弛有度、身心愉悦中为他们未来的发展打下坚实的基础。

当前，大学生的闲暇生活总体上来看是多姿多彩、积极向上的，但在闲暇时间的结构、闲暇活动的层次、闲暇活动的计划性、闲暇知识技能、闲暇教育等方面存在若干问题，因此也需要一定的辅导。对大学生的闲暇生活进行辅导，主要是为了让大学生获得各种闲暇活动的知识和技能，树立积极向上的闲暇生活价值观，学会明智自主地进行闲暇活动，从而提高生活质量。辅导员具体可通过专题辅导来实现这一目标，也可以通过活动课程来实现这一目标，还可以走出课内，通过在校外进行辅导来实现。

第一，专题辅导。专题辅导是指开展有关闲暇生活知识教育，使大学生认识闲暇的本质和特点；了解闲暇与自身生活质量和发展的关系；了解社会上各种闲暇活动的方式、过程和发展趋向；能够在生活方式发生变化时，重新评价自己的闲暇时间，依据个人利用闲暇的目的来分析所选择的生活方式；认识正在改变的生活方式、生活环境及闲暇之间的关系；能够根据不同的群体、角色和不同的责任，评价各种社交模式；能够根据自己的闲暇知识或技能设计、计划各类有意义的闲暇活动并顺利实施。开展网络生活方面的专题讲座，选取网络对大学生成长影响方面的内容，如网络与学习、人际交往、闲暇生活、心理等，为他们的网络生活提供建设性意见，增强其网络生活的理性能力。总之，通过专题辅导的形式可以培养大学生正确的闲暇情趣，让大学生正确认识闲暇生活的意义，合理地安排闲暇时间，正确地选择闲暇活动，提高闲暇生活的质量。

第二，活动课程。活动课程应当成为闲暇教育的主要形式：一是开展陶冶情操、充实精神境界的活动，如小说阅读、书法练习、戏剧表演、影视欣赏等；二是开展有意义的体育活动、体育竞赛；三是开展科技制作、科技创新与发明活动；四是开展社会实践和社会交往活动。在活动开展之前，辅导员应该积极鼓励大学生设计各自的闲暇活动方案，然后通过评价、讨论、修改，推荐出大众公认的方案，极大地调动了大学生参加闲暇活动的热情，激发了大学生的想象力和创造力，从而使大学生在形成良好的闲暇态度、丰富大学生的闲暇知识和提高大学生的闲暇技能的同时，实现了自我潜能的发挥。

第三，校外、社区乃至整个社会生活中的辅导。辅导员可以让大学生了解日常生活中娱乐和休闲的方式，它们和工作的关系，对于生活的重要意义，如何获得满意的休闲方式，在生活中如何把握闲暇行为的后果等；可以利用双休日或者某个节假日，组织大学生考察一个社区，了解其闲暇娱乐设施。这样，可以将闲暇教育与社区教育结合起来，使大学生学会关心自己生活的社区，充分了解自己所生活社区的公共闲暇服务设施及其服务方式，以丰富和充实自己的闲暇生活。

（三）大学生宿舍建设辅导

宿舍是大学生相对集中的重要场所。对当代大学生来说，宿舍不仅仅是吃饭睡觉的地方，而且还是大学生学习、交流、娱乐、放松、休息的多功能生活空间。可以说，大学生生活中有一半或更多的时间是在宿舍中度过的。对许多大学生而言，宿舍生活空间质量如何往往决定了他们对大学生活的满意度。

在大学生宿舍建设过程中，辅导员一定要发挥自身的辅导作用，引领大学生构建良好的宿舍环境。辅导员可开展"宿舍文化"建设活动，在宿舍走廊装上展览橱窗，展示有益的文化展品等，以丰富大学生的业余生活，拓宽其知识面，丰富其精神生活，陶冶其情操，提高其人生境界。另外，通过宿舍活动，有助于宿舍成员在活动中相互理解与信任，感受集体的温暖，增强集体凝聚力。

辅导员在大学生宿舍建设过程中，还应注意充分发挥室长的作用。宿舍物质环境的维护、规章制度的遵守、文化活动的组织、矛盾冲突的和解和个体知觉环境的渗透，需要室长的积极参与和督促。对于室长职权与作用的充分发挥，一是要注意室长人选的确定，应在一定程度上具备以身作则、踏实上进、开朗合群、公正敢言的人格特征；二是要由学校相关部门正式授权，明确其职责与价值，从而增强室长在成员间的威信与地位。

第五章　大学生心理健康辅导与职业规划

在高校日常运作与管理中，辅导员是一个身兼数职的角色，对学校其他各项工作的开展起到辅助作用，对大学生的健康成才起到辅导作用。

第一节　大学生心理健康教育与疏导

大学生的心理发展处于逐渐走向成熟而又未完全成熟的过渡阶段。总体上来看，大学生的心理发展是积极健康的，有较高的智力水平、有强烈的求知欲、有浓厚的学习兴趣、学习效率高；有较稳定的情绪、乐观自信、富有朝气和活力、对未来满怀憧憬、对生活有满足感。但是，处于过渡期的大学生，其心理发展也呈现出消极的一面，如生活自理能力较差、以自我为中心、比较敏感和脆弱，因此开展大学生心理健康教育十分必要。

一、大学生心理健康的概念和标准

心理健康是指精神、活动正常，心理保持在较好的状态，它并不是绝对的，而是一个相对的概念。它没有什么明显的生理指标，要对不正常、正常、良好的心理状态进行区分并不容易，特别是心理临界状态。为了能够把握心理是否健康，中外心理学家从不同研究角度对心理健康提出了不同的判断标准，了解这些标准可以对大学生心理健康有更深刻的认识。

美国人本主义心理学家 A.H.Maslow 和 Mittelman 提出了 10 条心理健康的标准，即有着充分的安全感与自尊心；能正确评价自我；个人实际情况能够与生活的理想、目标相切合；不与周围环境相脱离；能够保持人格完整与和谐；与他人保持良好的人际关系；具有较强的社会适应能力；能科学地控制、表达、宣泄自己的情绪；在服从团体利益的基础上，能在一定程度上张扬自己的个性；遵守社会规范。

目前，我国大部分学者观点较一致的心理健康标准如下：自我认知能力正常，能正确认识自我；情绪表达适度；意志品质健全；人格结构完整；人际关系和谐友好；社会适应能力较强；有积极乐观的人生态度；自我行为表现规范科学；行为与自己的年龄相符。

综合国内外专家学者的意见，结合大学生的心理发展处于逐渐走向成熟而又未完全成熟的过渡阶段等特征。本书认为，大学生的心理健康标准应包括以下几个方面：（1）准确的自我认知，能正确且准确地认识自己及定位自己。（2）正常的情绪反应，积极的情绪多于消极的情绪，能够适度宣泄和调控消极情绪。（3）完整的人格，即个人的知、情、意、行等都是协调一致的，气质、能力、性格和思想、信念、动机、兴趣、人生观等各方面能平衡发展。（4）正常有序的行为。大学生应能自觉调整自己的行为，使自己的行为与社会规范的要求相一致。（5）协调的人际关系，乐于与人交往，能与他人建立和谐的人际关系。（6）适应性强，能尽快适应大学校园这一新环境与新的学习、生活方式，能不断根据现代大学校园的转变提高自身能力。（7）充满理想与热情的学习与生活。大学新生都对大学生活与学习怀有美好的愿望，但现实与理想有时总会有差距，这时他们的悲观失望情绪会成为其心理健康的重要影响因素。能根据现实情况不断地进行学习目标与人生理想的修正，并持之以恒努力地适应大学生活的大学生，其心理才是健康的。

二、大学生心理健康教育的内容

教育部《关于进一步加强和改进大学生心理健康教育的意见》提出，大学生心理健康教育的主要任务是帮助大学生树立正确的心理健康意识，介绍增进心理健康的途径、解析心理异常现象、传授心理调适的方法。所以，大学生心理健康教育的内容既要包括对心理健康教育基本知识的介绍和普及，也要包括对心理调适方法的传授与应用；既要包括对心理异常现象的解析与预防，也要包括优化心理素质、潜能的培养与开发；既要包括对大学生学习生活、适应发展诸方面的关注与指导，也要包括对多种心理行为问题的缓解、消除与矫治。具体来看，当代大学生心理健康教育的内容应包括以下几方面：

（一）心理健康意识的培养

开展心理健康教育的最直接目标就是让大学生养成心理健康意识，让他们意识到心理健康对自身现在、未来发展的重要性，进而自觉地在日常学习、生活及以后的工作中不断丰富自己的心理健康知识，自觉提升心理素质。因此，辅导员要通过开展心理健康教育活动，提高大学生心理健康意识，使大学生掌握有关预防、识别、调节心理健康问题的基本知识与方法，学会自我心理保健，缓解、消除在学习、生活及成长中产生的心理困惑和心理矛盾。

（二）心理问题的调适

大学阶段是一个人向成熟过渡的阶段，在这一阶段中，大学生的心理状态尚未稳定，心理表现比成人更为敏感复杂，而且容易受环境、情绪和社会因素等的影响而引发许多心理问题。因此，辅导员开展大学生心理健康教育工作也要注意采取科学的方法来调适大学生的心理问题。一般来说，大学生常见的心理问题主要包括以下几种：

1. 自我意识偏差问题

人的自我意识是在社会生活中通过与别人的相互交往而逐渐形成的。大学生在生理上已具备了成人的特点，心理成熟和社会成熟也达到较高的水平。但是，一些大学生自我期待过高，在不必要的小事和细节上投入过多的时间和精力，从而造成紧张、焦虑等负面情绪体验，出现自我意识偏差问题。大学生的自我意识偏差主要有两种：一种是自我意识过强，主要表现为过分追求完美、过度的自我接受、过度的自我中心、过分的独立意识等；另一种是自我意识过弱，表现为对自己的能力、性格、体格等深感不足，产生否定自己和拒绝接纳自我的心理倾向。

2. 情绪控制问题

大学生正处于生理与心理走向成熟的时期，他们的情绪领域不断拓展，情绪内容日趋复杂。同时，大学生在大学阶段遇到的有关家庭、社会、学校等各类事件，都会影响他们的情绪，从而导致他们的情绪经常摇摆不定、跌宕起伏，时而热情激动，时而悲观消沉，表现出极大的波动性。此外，大学生的情绪容易从一个极端走向另一个极端。他们可能因一时的成功而产生积极、愉快的情绪体验，甚至骄傲自满、忘乎所以；也可能因一时的挫折、失败而低估自我，甚至悲观失望。这些特点都容易导致大学生的情绪出现问题，产生自卑、焦虑、抑郁、暴躁等情绪问题。

针对此现状，高校辅导员要结合不同学生的心理问题，采取不同的、具有针对性的方法帮助大学生调适心理问题，解决大学生在学习、生活中产生的心理矛盾，促进大学生的健康成长。

（三）心理潜能的开发与自我价值实现的促进

现代心理学和脑科学的研究表明，人的心理潜能还未能得到良好的开发与利用。大学生心理健康教育作为现代高等教育重要组成部分，其目的不仅在于对心理问题的预防和消解，更在于对大学生心理素质的提升、心理潜能的开发及自我价值实现的促进。心理健康教育可以使大学生形成恰当的成就动机，具备人际交往的基本观念与技能，初步厘清价值追求，不断发展健全人格，实现与周围环境及社会发展的良好适应，促进自身的成长与发展。

三、大学生心理健康教育的措施

高校辅导员可以采取多种措施对大学生进行心理健康辅导。主要包括以下几种：

（一）全方位结合进行心理健康教育

由于心理素质与其他素质存在有机的联系，心理素质既是其他素质发展的基础，又有机地渗透于其他素质之中。这就决定了心理健康教育是一项系统工程，需要将一部分心理品质、心理能力等心理素质的培养有机地与德、智、体等教育工作相结合，这不仅是心理健康教育的需要，也是其他教育本身的要求，可以相互促进、相辅相成。例如，将意志力、竞争意识、协作意识等与思想品德教育、体育活动相结合；将自我教育能力、自我控制能力与学校的学生管理特别是与辅导员的工作相结合。这一切不仅有必要，而且有可能，完全可以相得益彰。具体来看，大学生正处于青春期，精力充沛、兴趣广泛、热情好动，希望通过丰富多彩的校园文化生活培养和发展多种兴趣爱好，展示自己的才华。辅导员要积极开展多种形式和内容的群体活动，将心理健康的理念贯穿活动始终，使大学生在活动中交流思想、加深了解、开阔胸怀，这是提高大学生心理素质最直接、最生动、最有效的方式。通过丰富多彩的校园文化活动，如上演心理剧、播放心理电影、举办图片展和心理沙龙、在班级中开辟心理专栏等，使大学生通过参与和感受，在心理教育的氛围中增强对自我健康心理的关注，提高大学生的心理健康意识和自我教育能力。

（二）开展多种形式的心理咨询

心理咨询是大学生心理健康教育的重要途径。它是指辅导员运用心理咨询的相关理论与方法，通过特定的人际关系，帮助来访者解决心理困扰，增进心理健康，提高适应能力，促进个性发展与潜能发挥的帮助活动。现实环境的多变性，大学生心理的复杂性、心理素质发展的艰巨性，以及大学生在心理发展过程中的特有矛盾，决定了大学生的心理问题不可能仅仅通过有限的课堂集中辅导就能一劳永逸。大学生的个别特殊问题难以在课堂中得到全部解决，其心理需求无法一一满足。因此，针对大学生的具体情况开展个别咨询就成了一项必不可少的工作，是满足部分大学生具体心理需要的重要途径。也就是说，大学生心理咨询需要根据问题的性质、大学生的个性特点与要求，灵活采用多种形式进行。例如，针对相同问题的团体辅导，在心理咨询室进行的面谈咨询、电话咨询、书信咨询、网上咨询以及对一些比较普遍的一般性问题，通过网络方式进行解答，以满足不同特点大学生的具体需要。通过咨询及时帮助大学生明确问题、找出原因、缓解压力、化解矛盾冲突、矫正错误认识与不良行为、矫治轻度的心理障碍，将问题消除在萌芽状态，避免恶化为严重的心理疾病，有效地预防问题行为的发生。

（三）对存在心理障碍的大学生进行科学的心理疏导

心理疏导是由受过专门训练的心理咨询师或心理专家，运用心理咨询和治疗的相关技术和理论，对有心理障碍的个人或集体进行疏通引导，实施心理咨询或治疗，以缓解或消除求治者的心理问题和人格障碍，促使其人格向健康、协调方向发展，从而达到治疗心理疾病、促进身心健康的目的的一种方式。[①]大学生都会面临成长，在成长的过程中，不是所有的大学生都会出现心理问题，更多的是大学生会出

---

① 杨芷英.浅谈心理疏导对于高校思想政治教育的现实价值[J].思想政治教育，2009（7）.

现一些心理障碍,高校心理健康教育常常更关心存在心理问题的学生,而忽视了对存在心理障碍的学生的关注,因此辅导员要注意在日常工作中,对存在心理障碍的大学生进行心理疏导。

心理疏导的内涵要求辅导员充分了解学生的心理规律和特点,尊重学生的想法,关心学生的内心世界,与学生建立相互信任的关系。为此,辅导员通过沟通交流,明确学生的问题并确定解决的方案,然后对学生进行疏通引导。具体来说,辅导员开展心理疏导需要做好以下几方面的工作:

1. 要了解大学生的特点

辅导员要了解大学生身心发展的特点,如大学生的情绪情感特点、意志品质、心理需要、思维特点、自我意识发展状况、人际诉求等,这些规律都是辅导员开展心理疏导的依据。为此,辅导员要深入学生的日常生活中,深入学生群体中,真正了解学生的实际情况,把握学生急需解决的问题,从思想、学业、生活和情感等方面去关心学生。在工作中,辅导员尤其要关注以下两个问题:一是对学生中存在共性的心理问题,辅导员要选择恰当的方式对学生进行心理疏导;二是对在当前社会形势下学生产生的现实性思想困惑,辅导员要注意用正确的思想观、价值观对学生进行引导。

2. 要有正确的沟通态度

在进行心理疏导时,首先,辅导员要尊重学生的价值观,信任学生,保护学生的隐私,对学生一视同仁。辅导员的尊重能给学生创造一个安全、温暖的氛围，使其最大限度地表达自己。其次，辅导员对学生的态度要热情。在心理疏导过程中，辅导员热情友好的态度能缓解和消除学生的不安，同时产生被接纳的感觉，激发学生的合作愿望。最后，辅导员要真诚。辅导员对学生要坦诚地表达自我，表里如一。辅导员的真诚一方面给学生提供了安全的氛围；另一方面也给学生树立了榜样，让学生以真实的自我表达自己。

3.要了解大学生常见的心理问题

辅导员要清楚大学生常见的心理问题有哪些、原因是什么、解决问题的关键是什么等。此外，辅导员要能够区分不同的心理状态，对重性心理障碍和精神疾病有初步识别的能力。一般来说，心理障碍是心理亚健康状态，表现为异常的心理过程和异常的人格特征，如人格障碍、个性缺陷等问题。精神疾病则是病的心理状态，表现为一系列的认知、情感、行为的异常，社会功能一定程度上受损，如精神分裂、狂躁抑郁症、大脑疾患等。精神疾病和部分的心理障碍要到专业的精神医疗部门治疗，一般性心理问题和部分心理障碍可以寻求心理咨询，只有一般性心理问题才是辅导员心理疏导的内容。

4.要能准确地选择语言类型

语言有安慰鼓励性的，有积极暗示性的，有指令性的，也有伤害性的。安慰鼓励性的语言能缓解学生的心理压力，积极暗示性的语言能调动学生的主动性，指令性的语言能让学生明晰行为的界限，伤害性的语言则会给学生带来身心的伤害。在心理疏导过程中，辅导员要根据具体情况选择适合的语言类型，切忌使用伤害性的语言。

5.要采取多种多样的心理疏导方式

辅导员在进行心理疏导时，可以采取"一对一"面对面的沟通交流方式，有针对性地解决学生的心理问题，也可以采取团体活动的方式进行，如主题班团活动、社团活动、志愿者活动、社会实践活动等。团体活动的优点是参与的学生人数多，学生之间会相互影响，学生有更多的亲身体验。辅导员还可以通过打造健康和谐的寝室、班级文化来对学生进行心理干预。除此之外，辅导员可以考虑通过广播、报纸、网络等方式来进行心理疏导。

第二节　大学生危机事件的应对与处理

在我国，辅导员在大学生的眼里既是教师，又是知心好友。大学生来自五湖四海，在高校这个新的环境中，会感到彷徨无助，甚至很少与人交流，再加上离家都比较远，不能及时得到家长的安慰，这时他们最需要得到的是老师的关心与帮助。高校辅导员大多数为年轻教师，他们与学生的年龄相仿，大多刚从学校毕业，在高校中大多都担任过学生干部，非常了解学生的心理活动，这时候加强与新生的交流沟通，更容易得到大学生的信任，成为大学生的知心好友。而现代大学生肩负着太多的使命，比如，社会要求大学生成才，家长对大学生有很高的期望，个人的追求与愿望，但是大学生的心理发展还未成熟，心理相对脆弱，这就导致很多大学生经受不住压力，出现问题。在这种时候，辅导员要将辅导工作融入实践活动当中，及时应对和处理各类危机事件。

一、大学生危机事件的概念

大学生危机事件是在危机事件的基础上衍生出来的，它具有危机事件的内涵特征，如危机事件是严重威胁到组织或个人自身利益或正常秩序、可能造成严重损害结果的不确定情境或事件。所不同的是，大学生危机事件的主体特指大学生。换句话说，大学生危机事件就是主要发生在高校校园内、以大学生为主体或涉及大学生利益的、在事先未预警的情况下突然爆发或潜伏尚未发作的、对学校的声誉及秩序造成严重影响的情境。

二、大学生危机事件的应对

大学生危机事件应对是指高校各级管理者对大学生危机事件采取应对措施的过程。在应对大学生危机事件上，高校和辅导员的侧重点各有不同，下面对其进行分析。

（一）高校应对大学生危机事件的程序

当危机事件发生的时候，需要统一决策，由危机事件组织机构发出指令和命令，将应急策略和危机事件对接。然后，为了提高应急处置的效率和水平，不同领域的危机事件也应由不同的部门来负责，把责任层层落实到相关部门、相关院系、相关人员，实现应急管理的分层、分级负责，建立一个职能明确、权责分明、组织健全、运行灵活、统一高效的危机事件处置机制。正因为如此，高校在应对大学生危机事件时通常有一定的程序性。一般来说，高校应对大学生危机事件的程序如下所述：

1. 危机发现与信息报告

"第一现场人"如果发现学生的危机情况，应马上联络教职员工、学生，立即向辅导员、分管领导或学校危机干预小组人员进行报告，同时开始负责现场处置。辅导员在采取必要措施并迅速赶往现场的同时，要向学校分管领导报告。学校分管领导立即向校长报告，同时调动和组织危机干预工作小组人员到现场，依据各自的工作职责实施危机事件处置工作。校长视危机严重程度来组织危机干预与处置人员、决定上报和实施抢救措施。

2. 现场急救

在报告信息的同时，学校医务室医生对受伤害师生实施初步急救，视伤害情况拨打紧急救援电话，与年级组长或班主任一起将受伤师生快速送至医院，进行紧急救治。

3. 监控形势，判断事态

在危机事件发生时，学校应急指挥机构必须及时确认和分析危机事件是否会威胁到学校师生的利益和安全。根据多方收集的信息，应立即进行核实，做出是否要上报事件的决定。上报的信息主要包括以下方面：事件的起因以及目前的基本情况；有关部门已经采取的行动；可以动用的基本力量。学校党委、行政部门掌握基本情况后，可以根据危机事件的性质和程度，决定是否上报上级有关部门和当地人民政府。

4. 进行阻控

对于有可能造成危机扩大或激化的人、物、情境等，应进行必要的消除或隔绝，随时启动全校师生疏散程序，远离危机事件发生地。对于学校可调控的可能引发其他学生心理危机的刺激物，学校应协助有关部门及时阻断。

5. 制定对策

当大学生危机事件得到初步控制以后，处置程序应马上进入第二阶段，即学校组织力量开展调查研究，探寻危机事件产生的原因。通过调查研究，对事件的来龙去脉和性质予以确定后，应迅速会同有关职能部门进行分析讨论，制定相应的对策。制定对策时需注意以下三个方面的问题：一是对策必须具有可行性，能在现有条件下付诸实施；二是对策应充分考虑到可能出现的各种情况和问题，做多种准备，不能简单行事；三是重视专家的意见，因为出现的危机事件有时是学校领导不太熟悉的领域，而专家对自身涉及领域的问题有专门的知识和经验，专家的意见可以弥补学校领导在知识和经验上的不足，特别是在事态得到基本控制的情况下，制定对策时更应该重视专家的意见。

6. 干预处理

心理辅导教师确定危机当事人及涉及的人员，制订危机干预方案，启动心理危机干预；心理辅导中心负责对在危机事件现场的师生实施心理危机干预；心理辅导中心负责人对所有知情者进行事件通报，安定情绪，恢复正常的学习与工作。

7. 干预评价

心理辅导中心负责事件的成因分析，对事前征兆、事发状态、事中干预、事后疏导康复等情况认真梳理、全面评估，形成报告交给校长室。学校对行之有效、操作性强的方法和措施认真总结；对事件处置不力和干预不佳的环节要及时分析，以备今后做参考。

（二）辅导员应对危机事件的程序

辅导员对分管学生的基本情况最熟悉，处于学生危机事件处置工作的第一线，在应对大学生危机事件时，一般遵循以下程序：

1. 迅速介入，稳定局面

在大学生危机事件发生以后，辅导员应第一时间赶到现场，稳定局面，控制当事人的情绪，防止事件进一步恶化。同时，辅导员应根据事件的性质，拨打电话请求援助。待事件稍稍稳定后，应立即开展调查工作，掌握相关证据材料，初步了解事发原因，然后将危机事件的概况、成因及初步处理情况向主管部门和领导汇报，事发当日之内，形成书面材料，上报给学校主管部门和校领导。

2. 配合大局，开展工作

在将危机事件上报给学校上级部门和主管领导后，辅导员要在上级部门和主管领导的安排下，开展危机事件的应对和处理。一般来说，由于危机事件性质和分工的差异，辅导员承担的工作也会有一定的差异，而这些工作大体上包括以下方面：接待学生家长，安抚家长的情绪；对不同学生群体开展教育说服工作，平息矛盾；协助相关部门开展调查取证，确定事件性质；组织召开工作小组协调会，安排每天的具体工作；负责舆论导向工作，防止媒体对事件的夸大或歪曲报道等。辅导员在短时间内尽快解决，因此辅导员在开展这类工作时，应注意三点：一是要有大局观念，坚决贯彻上级部门和主管领导的指示精神，及时反映工作中出现的新情况和新问题，密切配合其他工作人员的工作；二是要以妥善解决危机为根本目标，所有工作都应围绕这一目标展开；三是要注意工作细节，把工作做细、做实，保证自己负责的工作不出漏洞，确保处置工作的圆满完成。

3. 处理善后，总结反思

在大学生危机事件处置工作的后期，辅导员也承担着收尾工作。

辅导员还需要在所有的工作都宣告结束后，及时总结经验教训，探究危机事件的起因，评估工作的成败，分析哪些工作环节还需要修正与完善，以便更好地预防和处理类似的危机事件。在这一阶段，辅导员很有必要将危机事件整理成案例，同时将相关资料进行汇总整理，这样既可以总结反思自己的工作，也可以为其他辅导员乃至整个学校的危机处理工作提供有益的参考和借鉴。

三、大学生危机事件的处理

（一）大学生危机事件处理的原则

在处理大学生危机事件时，一定要遵循以下原则：

1.快速反应

危机事件可能由一些小事引起，也可能没有任何预兆，很多时候危机性的校园事件给指挥机构在决策和处理上的反应时间相当有限，但是当事人或管理者都有责任及时应对，此时处置机构能否及时启动，关键要看信息渠道是否畅通。高校在应对危机事件时，要畅通学校党的工作系统、学生工作系统、宣传工作系统、保卫工作系统等各个信息渠道，及时收集学校各方面的反映情况，为学校的正确决策提供可靠的保证。同时，当危机事件出现时，反应要敏捷，行动要迅速，措施要得力，学校领导及相关部门负责人要迅速赶赴现场，接触师生、了解情况、做出回应。

2. 妥善处理

在整个危机事件处理的过程中，要考虑周全，对事故涉及的每一个环节都要处置妥当和尽善尽美。首先，要做好学生及其家长的安抚工作，尽量避免或减轻学生及其家长的身心伤害；其次，要针对性地解决事故问题，具体问题具体分析，不能一概而论；再次，要设法化解矛盾而不能激化矛盾，尽力避免造成广泛的负面影响；最后，要善始善终，不能存在遗留问题。

（二）大学生危机事件的处理方法

一般来说，常见的处理大学生危机事件的方法有以下几种：

1. 教育方法

教育方法是对组织成员从德、智、体、美、劳等方面施加影响的一种软性管理方法。诱发大学生危机事件的因素很多，我们可以选取一些具有典型性、代表性的大学生危机案例，帮助学生强化危机意识和危机防范能力；加强生命教育和挫折教育，帮助学生树立珍爱生命的意识，锻炼学生克服困难的意志和心态。也可以开展人生观、价值观、理想信念教育，从学生思想深处来解决问题，对危机有较好的预防作用。

2. 心理危机干预法

正常的行为活动是一个人心理健康的重要表现之一。当个体大学生出现行为异常，如饮食、睡眠出现反常、个人卫生习惯变坏，不讲究修饰、自制力丧失不能调控自我、孤僻独行等非常态行为时，就要注意是否有心理危机问题了。从宏观方面来说，大学生心理障碍、生理疾患、学习和就业压力、自我期望值过高、在学习上遇到挫折后产生很大的失落感和心理落差、经济压力、家庭变故以及周边生活环境等诸多因素，都有可能导致心理危机的发生。

对大部分大学生来说，危机反应无论是在程度上还是时间上，都不会带来生活上永久或极端的影响，时间和关爱可以恢复他们对生活的信心。但是，如果心理危机过强，持续时间过长，就会降低大学生个体的免疫力，出现非常时期的非理性行为。因此进行心理危机干预是十分必要的。

大学生心理危机干预的目的在于保证大学生安全渡过危机，保障其在校期间的健康与安全，使其更好地适应大学生活，同时增强其日后面对应激事件的抵抗能力，更好地适应社会。在大学校园内，当我们发现学生面临心理危机时，可使用心理学家总结的"六步干预法"进行危机干预。

（1）确定问题。危机干预的第一步是从求助者的立场出发，使用积极的倾听技巧，如同感、理解、真诚、接纳及尊重等确定和理解求助者的问题。

（2）保证求助者安全。在危机干预过程中，干预人员应该保证当事人安全（主要指尽力降低自我和对他人的生理和心理的危险性）。

（3）给予支持和帮助。危机干预强调与当事人沟通和交流，通过语言、语调和躯体语言让求助者认识到危机干预人员是能够给予关心帮助的人，让求助者相信"这里有很关心你的人"。

（4）提出应对的方式。帮助当事人探索解决方法，促使当事人积极地搜索可以获得的环境支持、可以利用的应对方式，启发其思维方式。

（5）制订行动计划。帮助当事人做出现实的短期计划，该计划应该根据当事人的应对能力，着重于切实可行和系统地帮助当事人解决问题。此外，制订计划的关键在于让求助者感到没有剥夺他们的权利、独立和自尊。

（6）得到当事人的承诺。帮助当事人向自己承诺，采取确定、积极的行动步骤，这些行动步骤必须是当事人自己的，从现实的角度是可以完成的。如果制订计划完成得较好的话，则得到承诺比较容易。在结束危机干预前，危机干预工作者应该从求助者那里得到诚实、直接和适当的承诺。

（三）大学生危机事件发展过程中的控制管理要点

经过危机事件爆发初期阶段的应急处置，危机事件爆发后的种种隐性、不确定因素逐渐显现和稳定，参与危机事件管理的各相关部门及人员也根据危机事件管理的需要进入了应急管理状态，由此，危机事件管理进入协调部署、稳定危机事态，为逐步解决危机事件创造机会和条件的阶段。在这一阶段，危机事件管理者应注意着重做好以下几方面的工作：

1.判断事件轻重缓急，制订危机事件处理方案

一般来说，对大学生危机事件的处理要尽量在短时间内完成，但这并不是说只将时间放在首位，也要考虑危机处理的效率。因此，危机事件管理者需要在尽可能全面掌握危机事件相关信息的基础上，对危机事件产生的原因、可能的后果、解决方式等进行深入分析，注意选择好控制危机事件事态和影响的要点，遵照"轻重缓急"的原则制订危机事件的处理方案。一般情况下，大学生危机事件处理方案由学校危机事件应急处理领导工作小组制订。

2.危机事件管理各部门各司其职、协同行动

在大多数情况下，大学生危机事件管理控制的部门往往涵盖安全保卫部门、学生管理部门、信息管理部门、心理咨询部门、相关院（系）及危机事件涉及的相关部门等。在危机事件处理过程中涉及因素的多样性、滋生问题的复杂性及处理时限的紧迫性等，要求危机事件管理各相关部门必须在危机事件处理方案的统一指引下，各司其职、协同行动，这样才能切实地实现对危机事件的有效管理和处置。

3.循序渐进，有序开展危机事件处理工作

在处理危机事件的过程中，日常的工作流程、工作秩序等对危机

事件管理各相关部门来说已经不再起作用，而需要进入应急状态。为了保证各项工作的有序开展，危机事件管理各相关部门的工作应遵循危机事件的应急处理工作要求、工作程序、工作规律等，而日常的工作安排、工作流程等都应让位于危机事件的管理和控制工作。

第三节　大学生职业规划指导

职业生涯规划是指个人和组织相结合，在对一个人职业生涯的主客观条件进行测定、分析、总结研究的基础上，对自己的兴趣、爱好、能力、特长、经历及不足等各方面进行综合分析与权衡，结合时代特点，根据自己的职业倾向，确定最佳的职业奋斗目标，并为实现这一目标做出行之有效的安排。辅导员与大学生接触频繁，与学生朝夕相处，辅导员在深入了解学生的思想状态、性格特点、兴趣爱好、家庭背景、专业学习等情况的基础上，便可针对性地开展大学生职业生涯规划教育，同时将这项工作融入辅导员日常工作中。

一、大学生职业规划的现状

目前，许多大学开设了相关的课程或是专题报告与讲座，网络上也出现了许多相关信息，但不少大学生并未真正理解职业生涯规划的确切含义，对职业生涯规划的重要意义认识不足，不了解职业生涯规划的程序，缺乏进行规划的具体技巧。总体来看，我国的大学生职业规划还存在以下几方面的问题：

（1）很多大学生对职业规划的认识不足，他们在校首要关注的仍是专业知识的学习，制订符合自身情况的职业规划的意识还较为淡薄。同时也由于他们对职业的思考和了解不够，对自己的分析和定位还不准确，不能在校期间锻炼自己的知识和素养，完成就业素养的积累，自然也就无法将大学深造和未来职业发展相结合起来。

（2）因为没有健全的价值观和人生观，很多学生在高考择校和选择专业时首先考虑的是高考分数能否顺利入校的问题，而较少将职业发展的选择作为主要依据。

（3）近年来，随着高等教育改革的稳步推进，高校意识到了大学生普遍存在的理论知识丰厚、实践能力薄弱的问题，尽可能地不断提高对学生实践能力的培养力度。但是，有一些在校大学毕业生只进行毕业实习，很少参与其他实践活动，而当前的大学生主要是独生子女，缺少独立生活的能力，这些都是制约大学生职业发展规划的障碍。

（4）随着国家对大学生职业规划的重视，目前国内已经出现了一些职业规划师，但他们的数量还是很少的。大学生就业指导中心逐步从仅提供一般的就业政策咨询、提供单位的招聘信息、举办几场就业讲座的简单做法中迈向深层次的职业发展教育中，开始探索大学生职业生涯规划、职业辅导和咨询等全方位的服务，但还仅限于起步阶段。此外，辅导员作为开展职业规划的主体，目前真正取得职业规划师资格的较少，在专业性服务上还有所欠缺。

二、辅导员做好大学生职业规划指导的意义

首先，辅导员做好大学生职业生涯规划指导对增强大学生教育实效性有着重要意义。教育部在 2006 年下发的《普通高等学校辅导员队伍建设规定》明确要求，辅导员应积极开展各项就业指导与服务工作，以帮助大学生树立正确的就业观念。

其次，辅导员做好大学生职业规划指导对提高大学生就业率有一定的积极意义。辅导员作为大学生健康成长的指导者和引路人，在提高学生就业能力、帮助学生规划职业生涯方面起着重要作用，能有效帮助大学生了解就业政策，认识自我，认识职业环境，实施职业决策，提升求职技巧，并通过学生活动、个体辅导、团体辅导、职业实践帮助学生完整、高效地进行职业生涯规划，消除盲目求职的行为，有效地提高就业率。

最后，辅导员做好大学生职业规划指导对大学生科学规划人生发展，实现职业理想有着重要的意义。大学生的年龄在 18~24 岁，正处在对个体职业生涯的探索阶段，是整个生涯发展历程中最为关键的阶段，因而辅导员做好大学生职业规划指导工作对大学生一生的发展有着重要的影响，能够帮助大学生正确评价自己的核心价值观念、个性

特点、天赋能力、缺陷、性格、气质、兴趣，真正了解和明确自己的优势和劣势。

三、辅导员开展大学生职业规划指导应具备的素质

一般来说，辅导员开展大学生职业规划指导应具备以下几方面的素质：

（一）良好的思想素质

思想素质的高低主要是通过思想作风表现出来的。辅导员是大学生的职业规划指导者，应具备良好的思想素质，这既是做好指导工作的要求，也是率先示范，将直接影响大学生未来工作态度和方法。辅导员具备优良的思想素质所体现的良好工作作风是直接影响大学生未来职业发展的重要方面，辅导员应自觉加强自身的思想素质建设。

（二）厚实的知识素质

辅导员的知识储备包括职业规划师具备的专业知识。只有在广泛学习各种相关领域知识的前提下才能使辅导员对职业发展的宏观和微观有全面的认识，在为大学生提供职业生涯规划指导的时候做到细致入微、科学合理，真正为大学生的未来职业发展和人生发展进行前瞻性的引导和帮助。

（三）较强的能力素质

职业规划涉及的内容较为烦琐，其中不少内容还需要与大学生进行沟通，这就要求辅导员具备较强的能力素质。从指导大学生开展职业规划的层面来说，辅导员应具备的能力素质主要包括以下几方面：

1. 良好的沟通能力。辅导员只有具备良好的沟通能力才能将自己所拥有的专业知识及专业能力进行充分发挥，有效地开展大学生的职业生涯规划指导工作。

2. 准确的信息掌握能力。辅导员只有具备了敏锐的观察力、良好的分辨力和信息处理能力，才能将各种有用的信息综合运用到大学生的职业生涯规划中来，从而达到科学、及时、有效的规划指导。

3. 熟悉评估技术的能力。辅导员开展大学生职业生涯规划指导工作，需要进行一些专业性的评估测试，包括职业评估、心理测评等，这些专业性强的技术手段能够很好地帮助辅导员对学生个性特点方面进行客观的分析，因此辅导员也应具备熟悉评估技术的能力。

第六章 网络时代高校辅导员
工作的挑战与机遇

网络作为信息传播的新兴媒介，传递信息快、共享程度高、使用成本低、不受时空限制，已经被广大的高校师生员工所认识与接受。在网络时代，由于大学生的学习和生活深受网络的影响，所以，高校辅导员的工作也随之发生了较大的变化。这种变化不仅体现在网络给辅导员工作带来的挑战上，也体现在网络给辅导员工作带来的机遇上。

第一节 网络时代运用新媒体进行大学生
教育管理

一、网络新媒体概述

网络是信息社会的重要标志，于 1969 年起源于美国，经历了从军事运用到全面商业化的发展历程，形成了真正的"信息高速公路"。网络新媒体就是借助互联网这个信息传播平台，以计算机、电视机及移动电话等为终端，以文字、声音、图像等形式来传播新闻信息的一种数字化、多媒体的新兴传播媒介。目前，网络新媒体在我国已经相当普及。网络新媒体所传播内容的丰富性和传播信息的数量已远远超过传统媒体，根据数据显示，传统媒体每日传播的信息量不到网络新媒体的1/4。网络新媒体的市场已经达到了一定规模，且逐年扩大。此外，网络新媒体的技术支撑也越来越成熟。我国网络新媒体传播的硬件技术较为成熟，尤其是在通信领域。

在互联网发展初期，一些传统的媒体和报纸、广播、电视建设了自己的网站，同步发布报纸上、广播里、节目中的内容。此时的网络其实是传统媒体产品的新载体，工具色彩浓厚。而当互联网进入Web2.0时代以后，互联网的属性出现了一些新变化，用户最大的感受就是自身主动性的加强：本人不仅可以浏览网站内容，而且还可以在网站上发表意见、表达观点，从单纯的"读"向"写"甚至"共同建设"转变。

传统媒体的单向传播、受众被动接受模式被以互联网为代表的新兴媒体的平等交流、互动传播、更注重用户体验、满足多样化个性需求的即时传播所替代，网络新媒体平台上的舆论传播也呈现出一些新特点。其主要表现在以下几个方面：

第一，传播速度非常快，信息来源广泛，制作、发布信息简便。网络新媒体可以随时发布信息，尤其是发布一些突发性事件和持续发生的新闻事件时，其"刷新"更换功能比传统媒体的"滚动播出"更胜一筹。

第二，网络新媒体的社交化，使信息传播链条更动态，也能使人更方便地筛选出个性化信息。纵观我国网络新媒体的发展变化，可知过去比较重视人与内容的关系，而现在越来越重视人与人之间的关系。任何一个处在社交化链条上的人，都可以对信息筛选后再进行二次传播，而信息经过筛选后一般便从"公用"转为"私享"。

第三，信息的碎片化、传播的细微化。在信息高度发达的互联网时代，社会生活更加多元、节奏更加快捷，信息的需求也更加多样。在这种背景下的网络新媒体传播以"微传播"为显著特点，信息更加碎片化，内容生产更加强调精准短小、鲜活快捷。

第四，传播形式以可视化、图解新闻、动漫动画等为主。直观可视、不断更新的内容让人们实现了浅阅读。所谓浅阅读，就是阅读时不需要思考而采取跳跃式的阅读方法。它是信息碎片化和微传播的一个显著标志，它能给人以短暂的视觉快感和心理愉悦，不再需要从繁杂的信息中获取自己想要的信息。因此，其受到了大众的欢迎。

二、网络新媒体对大学生的影响

网络新媒体的流行使大学生的诸多方面都发生了变化，下面对影响比较显著的几个方面进行说明。

（一）网络新媒体对大学生思维方式的影响

如今，互联网已成为大学生学习和生活的主要方式。由于大学生群体受教育水平较高、接受新事物能力较强，同时他们渴望表达自身观点、渴望得到他人的认可，因此，他们是受网络新媒体影响最大的群体。这一影响首先体现在思维方式的改变上，主要是学习、获取信息的方式发生了改变。

在学习方式上，网络新媒体为大学生提供了更加方便的学习渠道。利用网络新媒体的各种技术和工具，可以使学习变得更加方便快捷。传统的教学方式难以实现双向互动，而网络新媒体可以很好地弥补这一点。首先，上网速度的加快和信息内容的丰富使学生在查阅学习资料时更方便，他们可以较为轻松地从网络上找到自己想要的学习资料；其次，网络课程的流行使得学生掌握了一定的学习主动权，学生可以依据爱好和兴趣选择课程，既方便又快捷；最后，一些手机应用软件使大学生的学习变得更富有趣味性。

在获取信息的方式上，新媒体有利于大学生更为方便地了解社会。进入大学校园之后，大学生开始向社会过渡，他们对外界社会更加充满好奇，总是想更多地了解社会。在以前，大多数的大学生不会专门抽出时间去关注社会信息、国际资讯，因为不仅没有充足的时间，也没有便捷的方式，这就在很大程度上限制了他们的视野，阻碍了他们能力的拓展。而网络新媒体给大学生提供了一个比家庭和学校更为广阔的空间，他们可以利用这一平台更多地了解社会，快速实现自身的社会化。

（二）网络新媒体对大学生人际交往的影响

网络新媒体的出现和发展使得信息、图片、音频和视频的传输变得更加方便和快捷，基于这一发展而产生的多种交流平台应运而生，给大学生的交往带来了极大的便利。

当然，网络的双面性也使网络新媒体对大学生的人际交往产生一定的消极作用。网络中的交友与现实中的交友不同，其会限制大学生的语言表达、情感理解等人际交往技能的发展。

第二节　网络时代辅导员工作的挑战

一、网络给高校辅导员的工作内容带来新的挑战

随着网络的迅猛发展，网络文明建设的重要性日益凸显。网络文明由技术文明与人文关怀组成，也就是由硬件文明与软件文明组成。坚实的网络文明需要有创新的思维、健康的软件环境、健全的道德和法制。网络文明与大学生的成长息息相关，加快网络文明建设的步伐，才能保证大学生的健康成长。高校辅导员要重视开展大学生网络文明共识教育，帮助大学生形成上网的责任意识、法律意识和文明共识，帮助大学生增强抵御网络不良内容侵害的能力。

二、网络给高校辅导员的工作能力带来新的挑战

面对网络时代大学生出现的诸多问题，辅导员要充分意识到网络在开展大学生管理和服务工作中的积极作用，努力提高自身的能力与素质，更好地利用网络来应对与处理网络带来的问题。

辅导员要认识到，网络是一把"双刃剑"，在对大学生发挥积极作用的同时，又诱惑着涉世不深的大学生，使得部分大学生陷入迷失自我的陷阱中。因此，辅导员要帮助大学生学会在大量的信息中找到自己所需要的信息，帮助他们提高自控力和抵制诱惑的能力，使他们认识到网络只是一个工具，不能陷入网络中无法自拔。辅导员要迎接这一挑战，就得通过各种方法与途径，提高自身的网络工作技能。平时的文件、通知等，辅导员可利用群共享、群邮件等方式发布在群里，可以通过多方面获得就业信息，供大学生及时查看、下载。

第三节　网络时代辅导员工作的机遇

网络虽然给高校辅导员的工作带来了不小的挑战，但同时也带来了更多创新和机遇。辅导员只要抓住这一机遇，对其自身而言，能够大大促进专业发展；对高校而言，能够壮大辅导员队伍，促使其更好地适应时代发展的要求。就网络为辅导员工作提供的机遇来看，主要有以下几个方面：

一、网络给高校辅导员工作提供了更为多样化的资源

网络所提供的资源除了文字还包括图像、语音、视频、动画等。这些都是传统媒体无法比拟的。高校辅导员开展工作可以充分利用网络媒体获得更为丰富的资源。例如，可以去网上图书馆搜索资料等，可以通过网页等及时了解时事政治、学生思想动态等，可以通过学校的办公自动化系统、学校的网站首页全方位地了解学生的动态。

二、网络使高校辅导员工作效率化和专一化

在网络时代，高校辅导员在学生管理过程中，可以通过网络将消息快速传达下去，避免了传统口头传达的重复以及消息的失真。通过网络学生信息管理系统，辅导员可以快捷地查询到学生的成绩、家庭等情况，并且还可以促进各部门之间的信息交流和资源共享。总之，网络大大提高了辅导员的工作效率。

此外，辅导员依靠网络媒体可以随时随地单独与学生进行交流，可以快速掌握学生的思想动态，从而给学生更为适合的帮助和建议。所以说，辅导员的工作因为网络更容易实现专一化。

三、网络使高校辅导员工作形式多样化

高校辅导员利用网络，可以开展多种多样的网络教育活动。

（1）开展网络法制案例讨论，普及网络法制意识。辅导员可以

通过向学生分析、讲述与网络法制有关的典型案例，深化学生对网络法制规范实际应用的认识。有条件的高校还可以邀请公检法机关的有关专家定期到校开展专题报告，讲述有关计算机网络犯罪的司法界定，各种信息犯罪的特征、手段、类型和社会危害，运用信息技术故意实施犯罪行为应负的刑事责任等，做到警钟长鸣。同时，还要帮助学生明辨在网络社会中由于主体的匿名匿形而导致的合法与非法、有罪与无罪等模糊性问题，从而使学生掌握和正确运用网络法制规范。

（2）培育优秀网络虚拟群体，发挥榜样示范作用。网络虚拟群体是伴随着网络的产生发展起来的，这一群体的参与者可以自由选择参与或退出，可以决定何时参与群体的交往或活动，活动时间较为灵活，可以自行决定自己在群体中的身份、地位和角色，可以在网上结识到不同类型的人群。美国心理学家班杜拉认为，榜样对发展道德倾向具有重大影响，示范榜样是道德教育的主要手段。辅导员应努力培育与人们息息相关、参与性广泛的、具有示范作用的网络虚拟群体，发挥其榜样示范作用，引导帮助大学生观察、学习、模仿、认同。如果大学生周围的网络群体成员都能够形成正确的网络观，采取正确的网络行为，那么他们必然也会重新评价自身的网络观念和网络行为，以尽可能地符合周围网络群体的价值取向和行为方式。

（3）开展健康网络宣传活动。大学生是网民中的主要群体，也是学习能力、接受能力最强的群体。因此，辅导员要利用学校这个有利场所，以及学生知识、信息更新速度快，参与程度高的优势，通过课堂、讲座、知识竞赛等形式，开展网络文明宣传活动，以提高大学生的网络预防能力。

四、网络促使高校辅导员利用新的方式提升自己的能力

随着网络利用率的提高，网络成为辅导员们必不可少的工具。网络可以帮助辅导员提升以下几个方面的能力：

第一，服务管理能力。网络为各高校的辅导员提供一个学生信息管理系统的平台，通过这个平台使得辅导员能够从繁杂的学习工作中摆脱出来，系统地对学生进行日常管理及工作的管理。培养高校辅导员的网络运用能力，使其能够完成一些网络上的互动，沟通协调好各项工作，实现平台的信息化和效率化，挖掘出网络的潜在功能，以便更好地服务并管理学生。

第二，心理辅导能力。高校辅导员主要为大学生提供学习、生活、心理咨询等服务。很多大学生都是离开家乡到外地上大学，再加上多数为独生子女，遇到困难和挫折时，承受力低，内心比较脆弱。此时，他们需要师长给予正确的引导。辅导员就恰恰充当了心理疏导的角色，成为校情、民意传达的桥梁和纽带。网络的交互性、匿名性、虚拟性、平等性等促使学生更愿意通过网络与辅导员进行沟通或谈话，而且效果更佳。

第三，就业指导能力。就业指导也是当前高校辅导员的一项重要工作内容。在当今网络时代背景下，网络上有不少关于就业指导的文章或视频，高校辅导员应该学会利用这些资源，不断提升自身就业指导的能力，从而为大学生提供更优质的就业指导服务。

第七章 高校辅导员队伍素质能力提升的重要意义

高校辅导员是大学生健康成长的指导者和引路人，也是高校教育工作的主力军，辅导员队伍的素质能力直接影响到所培养人才的综合素质，其工作成效直接影响到学生的成长成才，提升辅导员队伍素质是培养更高素质、更高层次的学生队伍的重要前提。所以，必须充分认识和深刻理解高校辅导员队伍素质能力提升的重要性，切实增强工作的紧迫感、责任感和使命感。

第一节 高校内涵式发展的重要抓手

辅导员队伍作为高校教师队伍的重要组成部分，在贯彻"立德树人"根本任务，推动高等教育内涵式发展进程中具有重要地位和作用。

一、高校提升教育质量的必要措施

辅导员是高校教师队伍的重要组成部分，是高等院校从事德育工作、开展大学生教育工作的重要力量，他们工作在教育工作的第一线，和学生相处的时间最多，担负着学生"人生导师"的重要职责。在高等教育改革的攻坚时期，要实现高等教育内涵式发展，必须提升辅导员队伍素质能力，这对于加强和改进大学生教育和日常管理工作、维护高校稳定、提升教育教学质量都有着非常重要的意义。

全面提升高等教育质量要求以内涵发展为核心、以人才培养为重点，不断推进教师队伍建设。在此背景下，辅导员作为教育工作者，其传统角色必然需要转化。

（一）对高校辅导员角色定位的要求

2017 年颁布的《普通高等学校辅导员队伍建设规定》明确提出高校辅导员是开展大学生思想政治教育的骨干力量，是大学生日常教育和管理工作的组织者、实施者、指导者。因此，作为大学生教育、管理和服务工作队伍的生力军和核心力量，高校辅导员要积极应对学生工作的新特征和辅导员工作面临的新境遇，主动调整自身角色，争做"线上 + 线下"结合型的大学生教育者、"智慧型"的大学生日常事务管理者和"需求导向型"的大学生成长成才服务者，精心、精细、精准开展高校学生教育和管理及服务工作。

（二）对高校辅导员工作内容的要求

内涵式发展对高校来说，就是一种注重学校理念、学校文化、教育科研、教师素质、人才培养工作质量和水平等方面建设的工作思路，内涵式发展的核心是质量的提升。而要全面提升高等教育质量，实现高等教育内涵式发展必须打造一支高水平的教育专家队伍。对高校辅导员工作，也相应地提出了新要求，即更加系统化的教育、更加规范化的管理、更加个性化的服务。应该既注重数量指标，又注重质量指标，深刻把握高等教育的战略定位和历史使命的必然要求，面对不断变化的现实条件做出科学的决策。

高校作为全社会创新发展的知识宝库，作为社会人才输送的"永动机"，为社会源源不断地提供着高素质人才。人才是"人"和"才"的优化组合，学生通过高考选拔进入高等院校，在这里更进一步"成人"和"成才"，辅导员在这个过程中毋庸置疑地担当起"成人"部分的重要引导角色。辅导员在高等教育中所担当起来的任务没有改变，但是内容却是时变时新、复杂多变的，他们所要做的绝非简单地教育学生、管理学生、服务学生，而是在和学生打交道的过程中帮助学生成长，同时获得自身能力的锻炼、实践经验的积累、教育管理的升华，为高校整体管理工作奠定人才储备的根基。每一个从高校步入社会的学生，在具备科学文化知识、专业技能的同时，必不可少的便是优秀的品质。这是社会成员所必需的，也是辅导员在高校教育中必须达到的目的。

教育的时代性对辅导员工作提出了新的要求。社会需要人才所具备的科学文化素质和思想道德素质并不是单一的，而是多元化的。学生一方面要储备相关的专业知识，并具备把知识付诸实践的能力；另一方面要有坚定的理想信念和正确的世界观、人生观、价值观，并具备能够与人为善、与人交好的社会交际能力。一个优秀的人才必然是综合能力健全、智商与情商并重的综合人才。随着科技文化的飞速发展，人的整体素质普遍提高，人才已不能再坐等被挖掘，自我推荐成为人才展示的一种重要方式。在自我推荐中，个人除了要有过硬的专业本领，还要有组织能力、表达能力、工作效率以及与之相匹配的逻辑思维能力、创新能力等多方面的素质，因此，辅导员的工作就要与时俱进，凸显时代价值，对大学生的日常教育和管理也要凸显综合能力的要求。

（三）对高校辅导员队伍建设的要求

全面提高高等教育质量，走内涵式发展道路需要推进辅导员队伍专业化、职业化、专家化进程。

首先，高校辅导员队伍"三化"建设是高校学生成长的重要前提。高校辅导员是维护学校和谐稳定、引导大学生健康成长不可或缺的中坚力量，他们能精准把握学生的动态，在开展学生教育工作过程中，直接或间接地帮助学生树立相对正确的人生观念，及时疏导学生的心理问题，帮助学生解决困惑或打消疑虑，对学生自我发展产生深刻的影响。因此，加强高校辅导员队伍"三化"建设是提升学生工作质量的重要途径，也是高校学生健康成长的重要前提。

其次，高校辅导员队伍"三化"建设是辅导员个人职业能力提升的主观需求。相对于行政管理人员和高校专职教师，高校辅导员群体的职责定位较为模糊。我国大部分高校辅导员身兼数职，存在人员流动较大、队伍稳定性差、高校辅导员队伍来源的非专业化问题突出、职业素质不足、生涯规划意识较淡薄、事务工作较多等问题。高校辅导员"三化"建设，为辅导员职业能力的提升提供了充分的外在条件，同时也在很大程度上提高了高校辅导员的主观需求和工作认同，增强了辅导员开展教育工作的能力，可确保高校辅导员队伍的稳定性，有效减少辅导员队伍人才流失。高校辅导员队伍"三化"建设是加强高校辅导员职业稳定性的关键因素。高校辅导员职业稳定性较低主要有以下两方面原因：一是高校辅导员的专业性不够强。从事高校辅导员工作的人群专业来源多样，且大多数辅导员入职前未受过行业训练，导致高校辅导员的专业水准有限，工作节奏紧张也导致高校辅导员缺少合适机会进一步提升专业能力和素养。二是辅导员队伍的职业定位不够清晰。一般来说，高校辅导员岗位职责包含学生日常事务管理、学生就业指导、学生心理疏导等各方面，基本涵盖专业课程以外的其他学生工作内容，导致辅导员缺乏清晰明确的职业定位。因此，增强高校辅导员社会认同感和自身成就感、壮大辅导员队伍、持续提升职业稳定性都要求加快高校辅导员队伍的"三化"建设，这也是高校实现内涵式发展的要求。

二、高校落实"立德树人"根本任务的重要保障

《普通高等学校辅导员队伍建设规定》明确要求，高等学校要始终贯彻落实"立德树人"根本任务，明确加强辅导员队伍建设的重要性。该规定进一步强调高校辅导员队伍建设，并对辅导员的定位和职责做出明确规定，高校辅导员队伍，是高校实现立德树人目标的重要依托，是实现大学生价值引领的骨干力量。高校辅导员是一支比较特殊的队伍，既是良师，又是益友；既具有教师的身份，又担负管理者和服务者的角色。他们直接面对和接触学生，最了解学生的思想、心理、学习和日常生活，能够直接听到学生呼声、懂得学生关切，最能了解学生实际困难、掌握学生思想动态。这些"天然"条件，决定了高校辅导员在高校教育工作中具有不可替代的重要作用。

一方面，在"立德树人"的形势下，辅导员必须要掌握住意识形态的主动权，做好学生的人生导师。首先是做好学生的政治引领，牢固树立道路自信、理论自信、制度自信、文化自信。其次是做好学生的道德引领，加强道德修养，形成良好的道德行为习惯并成为引领社会公德的中坚力量。最后是做好文化引领，引领学生弘扬中华优秀传统文化、革命文化和社会主义先进文化，增强学生的文化自信和爱国情怀。

另一方面，辅导员在"立德树人"工作中承担了大量的具体工作，

发挥着重要作用。高等院校的辅导员既要做好职责内的工作，又要负责讲授大学生生涯规划、就业及创业指导等公共课课程。区别于专职授课讲师，辅导员通过管理学生的日常事务、指导学生的实践活动等方式来承担工作职责。在这个过程中，他们需要帮助学生养成积极向上的健康心态，促使他们全面发展。

专职辅导员的选聘工作应尽快建立相关专业课教师与辅导员队伍打通使用的有效机制，逐步提升高级职称教师在辅导员队伍中的比例，形成年龄、知识和专业结构更加合理的辅导员梯队。同时，对辅导员队伍要严格管理、明确责任，确保其履职尽责，还要制定退出机制，必须采取多途径、多出口的办法，为他们打造多元化的职业发展路径，让辅导员成为一个能够吸引优秀人才的岗位。

第二节　高校辅导员自身发展的内在需求

高校辅导员队伍素质能力提升对辅导员的自身发展来说也是内在的需求。素质能力的提升不仅是高校辅导员践行使命担当的工作需求与客观要求，也是提升个人职业能力的发展需求，更是辅导员走向幸福人生的内心需求。

一、高校辅导员践行使命担当的工作需求

高校辅导员的个人魅力是发挥好育人功能的重要基础，而个人魅力是建立在良好的个人职业素质基础之上的。

经过与部分学生访谈，了解到他们认为"优秀"辅导员的品质和能力，归纳起来包括以下几个方面：第一，关心学生，爱护学生，与学生有比较好的沟通，能够平等地对待学生，具有一定的亲和力和威信；第二，具有较强的组织能力，能够组织学生开展有意义的活动，并且具有较强的驾驭能力；第三，能够知人善任，培养学生的能力，善于挖掘学生各方面的潜力；第四，要掌握政策规定，有一定的临危处事能力，遇到学生出现问题和状况时，能够临危不乱，当机立断；第五，具有优秀的道德素质，能与学生亦师亦友。

在访谈中了解到，学生最不喜欢的辅导员，归纳起来包括以下几个方面：第一，对学生冷漠，很少出现，学生有事经常找不到辅导员，只能通过电话联系，甚至电话有时也打不通；第二，做事没原则，不公正，不公平；第三，不能以身作则，要求学生做到的，自己却没有做到。

可见，高校辅导员想要在工作中受到学生的欢迎，提升自己的信服力，就需要持续提升个人的职业素质能力，以个人魅力作为支撑来不断吸引学生，从而保证高校辅导员教育工作的开展质量。这样的辅

导员对大学生会产生深远而持久的影响，成为学生楷模，进而提升高校教育的实效性。

1.高校辅导员要强化职业道德，做到以德服人

良好的职业道德是辅导员人格魅力提升的基础。"德"是一个人内心对自己的要求，辅导员要有正确的世界观、人生观和价值观，还要做到人品过硬、作风正派。其中政治要求是底线，底线高了，"品"自然提高，"德"自然形成。"打铁还需自身硬"，只有辅导员自身无懈可击，才能让学生心悦诚服。

作为辅导员，要有较高的精神境界。陶行知说："捧着一颗心来，不带半根草去。"在大学生的成长中，只要与学生相关的工作，都是辅导员的工作内容。因此，辅导员要善于通过具体的工作，以德示众，以德服众，以德修身，以德育才。无声的行动比有声的语言更让学生觉得可亲可敬。

2.高校辅导员要提升专业技能，做到育人有道

扎实的专业技能是辅导员人格魅力提升的关键。辅导员要博览群书，扩充知识储备，优化知识结构，尽可能涉猎多学科知识，因为对知识的融会贯通有利于做好学生管理工作；辅导员要提高组织能力、领导能力、沟通表达能力、学习能力、决策能力、创新能力等，各项能力出色，才会在学生出现问题时找到有效的解决办法，也才更会让学生信服。

辅导员要树立终身学习的理念，不能止步不前。要勇于创新，乐于钻研和探索，向先进学习，向模范学习。除了要达到教育部规定的辅导员职业能力标准，还要培养多种爱好，通过共同的兴趣和爱好加深与学生之间的情感沟通，在潜移默化中做好学生的教育工作。

3.高校辅导员要巧妙运用心理学效应，做到育人有法

要把握教育对象的心理特点，恰当运用心理学效应。例如，运用"罗森塔尔效应"可以善于发现学生的闪光点，通过有声或是无声的语言，赞美、激励、鞭策学生，给他们以精神上的正能量，进而帮助他们树立合理的目标，以实现自身的价值。事实上，每个个体都会享受别人对其真诚的信任，并会为此积极做出响应。辅导员要时时关心学生、爱护学生、宽容学生，以自己的人格魅力影响和感化学生，把自身的优秀品行在一次次有爱的经历中展现在学生面前。

4.高校辅导员要提高解决实际问题的能力，做到尽职尽责

实实在在地解决和处理青年学生在学习生活中出现的各种问题，是辅导员人格魅力的升华。辅导员的人格魅力不仅体现在辅导员自身的言行、修为上，还体现在从学生健康成长和发展的角度出发，处理和协调好诸方面的关系，使学生信服、认同。要以教育部《高等学校辅导员职业能力标准》作为提高辅导员自身专业发展水平的行为准则，提高学业指导能力、日常事务管理能力、心理健康教育与咨询能力、危机事件应对能力、职业规划与就业指导能力和理论与实践研究能力。

不断更新理念，积累实践经验，深入科学研究，用辅导员职业化、专业化的职业形象，来确立辅导员在学生心中作为指导者和引路人的角色，真正成为大学生健康成长的人生导师和知心朋友。

二、高校辅导员提升职业能力的发展需求

辅导员职业化要求在个人条件能够符合该职业的从业标准基础上，进一步把辅导员工作当成一种长期的事业来认真对待，使得辅导员进一步成为高校就业指导、心理健康咨询等方面的专业化人才，在其工作岗位上做到服务学生、奉献社会，力求最终实现自己的个人价值。因此辅导员只有努力提升职业能力，做到职业化，才能更好地实现职业生涯发展。

通过对高校辅导员、职业及职业生涯概念的理解，我们可以得出高校辅导员职业生涯发展的概念内涵。高校辅导员职业生涯发展内涵丰富，既包括辅导员职业道德、职业能力、职业规划、职业路径等方面的内容，也包括学校和教育主管部门组织层面政策制度、职业环境、体制机制方面的内容。高校辅导员职业生涯发展既是辅导员自我发展的过程，也是辅导员与学校共同发展的过程，同时也是辅导员、学校、社会和国家等各方面综合因素共同发展的结果。

1. 内外职业生涯始终持续动态发展

职业生涯可以分为内、外两种：内职业生涯是指在职业生涯发展

中通过提升自身素质与职业技能而获取的个人综合能力、社会地位及荣誉的总和，它是别人无法替代和窃取的人生财富；外职业生涯是指在职业生涯过程中所经历的职业角色及获取的物质财富的总和，它依赖于内职业生涯的发展。

高校辅导员职业生涯发展是一个持续的动态过程，受辅导员个人能力、社会环境、服务对象影响较大。一是高校辅导员的专业知识、实践技能、人格发展、职业道德等随着自我教育和组织的培训培养而不断提升，发生变化，因此辅导员的内职业生涯一直处于动态的发展过程中。二是辅导员职业生涯发展的体制机制、政策环境、人文环境等，也随着社会发展、组织优化发生变化。社会及组织人文环境的不断优化，给辅导员的外职业生涯也带来了发展变化，辅导员外职业生涯发展也是一个持续的动态发展过程。三是高校辅导员工作对象的持续变化。大学生是辅导员工作的主要对象，当代大学生有着鲜明的时代特点，他们的价值观更加多元化，思维行为方式也更加活跃，工作对象的变化促使社会对辅导员的职业要求也发生了新的变化。

由此，辅导员的职业生涯发展伴随着内、外职业生涯的发展变化，始终处于动态变化之中。辅导员职业生涯发展与社会环境、组织环境、工作对象、辅导员个体等息息相关，既体现个体发展的动态过程，同时也是外在价值引领下的持续发展过程。

2.职业生涯发展具有特定周期规律

任何职业群体在职业发展过程中，都会形成一定的周期规律，这种规律对个人职业生涯发展有着显著影响。高校辅导员职业生涯发展同样也呈现出一定的周期规律性，按其发展规律可划分为入职适应期、能力成长期、职业倦怠期、稳定维持期。

入职适应期一般是辅导员入职的第一年至第二年，这个阶段是辅导员适应岗位、明确职业定位的探索阶段，辅导员工作积极性高、有工作热情，但是职业能力尚显不足，职业人格尚未形成，工作实践经验不足。能力成长期一般是辅导员工作的第二年至第五年，这一时期辅导员已经度过了入职适应期，入职时的压力与不适基本消失，职业能力和实践经验不断提升，职业理念和职业人格初步形成，职业发展目标和路径基本明确，辅导员能够比较自如地驾驭本职工作，其职业能力在这一阶段不断改进和提高。职业倦怠期一般在辅导员工作的第六年至第十年，辅导员长期处于相对成熟的工作模式中，工作激情有所减退，个人成就感缺失，职业发展动力不足，职业能力提升困难，职业发展进入瓶颈期，由此产生职业倦怠，职业选择容易动摇。稳定维持期是辅导员突破职业倦怠期之后，通过对辅导员职业的反思和重估，明确了辅导员职业终身发展方向，这一阶段的辅导员一般在工作领域中已经拥有一席之地，具有坚实的理论基础、丰富的实践经验、相对成熟的职业人格和较强的反思能力，职业发展目标坚定。

　　辅导员职业生涯发展周期具有规律性和普遍性，但是因为辅导员个体的不同，高校辅导员职业生涯发展周期并非完全遵循上述工作年限的限定，而且每一个发展阶段与下一个阶段也不是必然衔接，辅导员只有不断突破才能保持职业生涯的持续发展。

第八章 高校辅导员队伍素质能力提升的基本思路

　　高校辅导员队伍在加强学生教育中，始终发挥着重要作用，建设一批具有较高业务管理能力的辅导员队伍势在必行。建设高素质辅导员队伍，不仅需要辅导员自身的努力，也需要更多的政策支持，使更多人愿意并积极投身于辅导员工作，把辅导员工作当作终身职业。但是，随着当前国际国内形势的变化，大学生教育工作面临着新的挑战，辅导员工作也面临着更大的压力和困难。所以还应该更加关注对辅导员队伍的建设和能力的提升，努力建设一支优秀的辅导员队伍，有效保障大学生教育工作的有效性和针对性。

第一节 尊重客观规律，谋求科学发展

　　高校辅导员队伍建设和素质能力提升，应该从可持续发展的视角，遵循教育自身的规律、人力资源配置规律、人才成长规律以及辅导员职能不断拓展的规律。

一、遵循教育自身规律

辅导员是教师、管理者，是通过教育、管理和服务育人的。教育有自身的规律，教育质量和效果受到生源质量、地域环境、家庭因素、学生学习方法、学校管理模式等因素的影响和制约。教育工作是专业教师、教辅人员、管理人员等群体化和系统化的劳动，教育教学质量如何，同每位教师的工作都密切相关。教育教学质量的评价也不能把某一类教师队伍孤立起来进行，必须在一定的条件下在一定的时空中综合考虑。

高校在辅导员队伍建设过程中，往往存在忽视教育规律的倾向，体现为高校辅导员在实际工作中职责不明，分工不清。辅导员在现实中扮演着多重角色，承担了太多的责任，似乎涉及学生方面的工作都要管。

辅导员队伍建设要遵循教育自身的规律，就是要把辅导员队伍建设放在高校整体改革、发展和稳定的战略中去审视，就是要把辅导员队伍建设放在高校教师队伍建设的整体中去考察，就是要认清辅导员队伍作为教师队伍和管理队伍的双重身份，既给其发展的期望，又不使其承受过多的压力，给辅导员队伍以高度的人文关怀，营造宽松的发展环境。

二、遵循人力资源配置规律

人力资源是指在一定范围内能够推动整个社会和经济发展且有一定智力和体力劳动能力的人群的综合，是在一定劳动力资源的基础上，发挥积极创造性的群体，优化人力资源配置，就是充分实现人力资源价值和人的价值，让人力资源能够获得发挥其才能的机会和平台，尊重其个人追求和内在价值的实现，关心人的自我进取和自我发展，同时也要对每个人制定统一的评价标准。

高校辅导员队伍建设遵循人力资源配置规律，就是要给辅导员创造公平竞争的平台。比如，在中级职称的辅导员进行学术研究时，能够从学校层面获得更多的支持与帮助，如充足的科研经费、良好的科研平台等，从而提升学生工作方面的调查研究能力，提高工作水平。所以高校应完善辅导员考评和激励制度，真正使辅导员岗位能够吸引人、留住人、发展人。

三、遵循高校辅导员队伍建设成长规律

人才成长规律是对人才成长过程中各种本质联系的概括与归纳。促进辅导员全面、协调、可持续发展，从人才成长规律的视角把握好如下的规律。

一是竞争选择的规律。辅导员作为人才的成长总是在与他人相比较而存在、相竞争而发展的。这是因为，在社会发展的每一个阶段，

社会对特定角色的需要都是一定的，在社会需求的刺激下，潜在人才的数量总是大于社会对特定角色的需求。在社会各个领域内，人们为了取得有利的发展条件而进行激烈的社会竞争。正是这种社会竞争培植了人的进取心和首创精神，成为人才辈出的重要条件。辅导员在成长的过程中要面临多次的竞争选择，通过这种竞争选择获得更好的成长和发挥才能的机会。所以，要为辅导员队伍建设打造公平竞争的平台，形成科学的竞争评价机制和合理的竞争淘汰机制。

二是人才流动规律。人才流动是人才成长的催化剂，树立人才流动的理念，激发人人成才；通过人才流动促进潜人才转化，人才流动为潜人才的脱颖而出创造了条件，是潜人才向"显人才"转化的重要途径；通过人才流动促进人才层次提升。辅导员队伍中要树立人才合理流动的理念，建立完善的能进能出、能上能下的人才流动机制。创造有利于人才流动的环境，畅通人才流动渠道，建立健全人才流动保障机制，促进辅导员由潜人才向"显人才"的转化。

三是人才成长规律。随着人才主、客体环境的不断变化，人才实践活动也随之发生变化，人才成长总是经历着"准人才"—"潜人才"—"显人才"—"领军人才"等过程。辅导员队伍建设应把握人才成长规律，要树立人才是第一资源的理念和人人都可成才的理念，要明确辅导员队伍建设长远规划目标，要认识辅导员发展成长是一个长期发展转化的过程，不可能一蹴而就，要努力做到队伍建设阶段性和连续性的统一。

第二节　科学谋划，探索新路径

加强高校辅导员队伍建设关系着辅导员队伍素质的提高，关系着高校人才培养的质量，关系着国家人才培养战略目标的实现。所以应该科学谋划，探索路径，规范辅导员队伍专业化建设，提升辅导员自身素养，打造一支高素质、专业化、作风过硬的辅导员队伍。

一、优化顶层设计，构建科学体系

高校要高度重视辅导员队伍建设，注重辅导员素质能力提升，要将其纳入教师队伍建设和党政管理干部总体规划。学校要始终遵循教育规律，遵循教书育人规律、学生成长和教师发展规律，按照"政治强、业务精、纪律严、作风正"的总体要求，明确"高标准选聘、科学化管理、多元化培养、全方位保障、多样化发展"的建设思路，以更大的力度、更实的措施推进辅导员队伍科学化建设，使辅导员队伍成为学校学生工作队伍的专家力量、管理队伍的支柱力量、教师队伍的骨干力量、服务社会的先进力量，为学校改革夯基垒台，为学校发展立柱架梁，切实发挥支撑作用。

要结合"立德树人"任务，在辅导员队伍发展思路上注重"选、育、评、留、转、提"等环节，在制度设计、梯队建设、培养体系等方面不断完善，形成辅导员队伍建设的科学体系，充分保障这支队伍的凝聚力和战斗力。

（一）强化制度建设，注重规范化管理

高校应该高度重视辅导员队伍建设发展和推进工作，根据教育部《普通高等学校辅导员队伍建设规定》《高等学校辅导员职业能力标准（暂行）》的要求，结合高校整体发展规划和辅导员队伍工作实际，着力培养德才兼备、岗位履职卓越、具有开拓创新意识的优秀辅导员。高校要结合自身实际制定完善的《辅导员队伍建设条例》《辅导员培训规划》《辅导员考核办法》等文件。对辅导员管理实现规范化、动态化，可以采取过程督查与阶段考核相结合的方式，加强科学管理，统筹协调整体性工作、规范推进阶段性工作，召开研讨交流会，及时研究进展情况，实施分类指导，确保工作扎实有序落实。

（二）完善准入制度，充实队伍构成

高校在辅导员选聘过程中，应完善辅导员准入机制，严把入口关，严格按职业标准选拔人才，有计划、有步骤地选聘具有较强组织管理、语言表达等能力的辅导员。同时，应结合辅导员年龄结构、综合素质、专业背景、绩效考核、责任意识等方面，完善辅导员准出机制，畅通

出口关，进一步优化辅导员队伍结构，时刻保持辅导员队伍的生机与活力。同时要坚持德才兼备，从优选拔的原则贯彻实施辅导员助理制度，做好辅导员助理的选拔工作，从在读学生中选拔优秀学生作为辅导员助理，进一步丰富辅导员人员构成，提升学生工作的活力。

（三）优化考核模式，强化评价激励

优化辅导员考核体系与激励机制，注重全维度、全视角对辅导员进行绩效考评。高校应该从学生评议、院系考核、相关职能部门考核、绩效考核等多个方面，建立完善、合理的评价体系。

（四）实施高校辅导员职业能力级别评定

为了进一步规范辅导员队伍管理，充分发挥辅导员的主观能动性，激发辅导员的工作热情，激励辅导员向专业化、职业化、专家化方向发展，推动高校学生管理工作者在学生帮助引导、服务育人等工作上的专业化与职业化的发展，学校实施辅导员职业能力级别评定工作。成立校级领导小组，进一步完善辅导员职业能力级别评定管理办法，根据相应级别发放岗位级别工资，实现"物"有所值，发挥激励作用。

二、坚持系统思维，形成内外联动

（一）坚持质量导向，确立标准

在加强高校辅导员队伍建设的工作中，应当坚持质量导向和内涵发展，按照"立标准、建机制、提质量、促发展"的整体思路，全

面推进高校辅导员队伍的科学化建设。具体来说，从确立辅导员岗位职责、职业准入、工作评价和成长发展标准等方面入手，努力抓好辅导员知识体系支撑和培养培训机制建设，提升辅导员工作和队伍建设质量，促进教育学科和辅导员自身的发展。概括地说，主要体现在两个层面：一是外因层面，机制、环境还需要进一步优化；二是内因层面，辅导员队伍自身素养还需要进一步提高。

确立标准可体现高校辅导员队伍建设的质量导向。标准是质量之基，以标准体现高校辅导员队伍建设的质量导向，就是要把已经出台的辅导员队伍建设的各项政策措施转化为可操作、可执行、可评估、可考核的建设标准。

（二）坚持内涵发展，完善机制

制度是根本，制度管长远。以制度保障高校辅导员队伍建设的内涵发展，就是要把握时代的发展和环境的变化，针对遇到辅导员队伍建设和辅导员自身发展的瓶颈问题，建立一套既立足当前、能够有效解决突出问题，又着眼长远、保证辅导员队伍建设不断推进的体制机制。解决辅导员队伍建设和发展的动力机制问题，可以从以下几方面着手开展工作。

1. 建立高校辅导员知识体系支撑机制

专业知识体系是辅导员队伍专业化建设的重要支撑。要从基础性和应用性的视角，建立健全辅导员工作的专业知识体系。基础性部分包括政治学、社会学、心理学、管理学、教育学等学科知识；应用性部分包括心理健康教育、职业生涯规划、就业指导与服务、学生事务管理等工作技能。高校要积极加强辅导员的知识体系建设，把知识学习和经验传授、理论熏陶和实践锻炼有机结合起来，不断提升辅导员的专业素养。

2.建立高校辅导员队伍培养培训机制

培养培训是辅导员掌握专业技能、提高岗位适应能力、增强工作创新性和研究性的重要途径。要研究建立融教学、科研、实践交流三位一体的培训体系，建立岗前培训、日常培训、专题培训、职业化培训有机结合的培训流程，着力提升辅导员的政治引导能力、学业与就业的指导能力、生活情感的辅导能力、心理困惑的疏导能力和危机处理的应对能力。高校要将专职辅导员在职攻读学位和国内外业务进修纳入教师培训计划，使辅导员享受有关鼓励政策。

3.建立高校辅导员队伍建设政策的合力形成机制

努力创造良好的政策环境、工作环境和生活环境，使辅导员工作有条件、干事有平台、发展有空间，是辅导员队伍可持续发展的关键。高校要真正把辅导员队伍建设作为关键任务，作为办学质量、教学评估、教师队伍建设、文明单位创建和领导干部工作业绩的重要考核指标，制订辅导员队伍建设规划，在选聘、管理、培养和发展等方面采取更为有效的措施。要针对高校辅导员队伍制度建设中存在的部门化、碎片化等问题，进一步加强与编制、组织、人事等部门的协调沟通，努力突破辅导员编制、专业技术职务评聘和行政职务晋升等瓶颈问题，形成齐抓共管、多方支持的工作合力。同时，要加大对职称评聘、职务晋升等重点工作的督查工作力度，确保政策落到实处。

（三）注重质量建设，提升整体水平

思想观念是行动的向导，要在辅导员队伍数量发展的同时，把提升质量摆在更加突出的位置来抓。"从思想上真正高度重视提高质量，牢固树立科学的质量观。"具体来说，主要包含以下几个方面。

1. 提升辅导员队伍质量

职业认同是做好辅导员工作的基础。当前，少数辅导员的职业认同感、荣誉感还不强，不能全身心地投入大学生日常教育和管理工作中，不愿长期从事辅导员工作。要进一步加强辅导员职业内涵挖掘与职业道德建设，通过征集和推出辅导员誓词等措施，增强辅导员的职业认同感、使命感和成就感，引导辅导员更好地在工作岗位上实现岗位奉献、岗位成才、岗位发展。要注意发掘、培育和树立一批辅导员先进典型，宣传他们的先进事迹，充分肯定辅导员在大学生教育中的突出贡献。

2. 提升辅导员工作质量

高校要积极创造条件、搭建平台，鼓励并支持辅导员结合工作实践，研究工作对象和环境的变化情况，在工作中找问题、攻难题，有针对性地提出解决问题的思路和方法，努力把辛苦转化为成果、把经验上升为科学，不断提高教育的科学化水平。

3. 提升辅导员队伍建设保障质量

辅导员队伍建设必须要有科学的资源供给和保障。要善于从辅导员最关心的、与其自身利益和成长发展联系最密切的问题入手，积极推进校内资源、校际资源、社会资源的有机整合，形成政府、学校和社会积极联动的辅导员队伍建设格局。整合校际资源就是要充分借鉴其他高校辅导员队伍建设的好经验、好做法，推进不同高校之间辅导员队伍建设资源优势的有效互补。

（四）增强普遍认知，提供有力保障

推动高校辅导员队伍建设科学发展，就是要以提高素质和能力为重点，采取有力措施，从思想认识、体制机制、政策保障、人才培养等方面采取有力措施，着力建设一支高水平的辅导员队伍。

1. 提高重视力度，促进事业发展

加强和改进辅导员队伍建设，对于维护高校稳定、推动高等教育事业科学发展，对于推进素质教育、促进大学生全面发展和健康成长成才有着十分重要的意义。要加强分类指导，根据研究型大学、教学研究型大学、教学型大学、高等职业院校以及民办高校等不同类型高校的实际情况，确立辅导员队伍建设的具体要求。组织开展包括辅导员队伍建设在内的教育工作测评，以评促建、以评促改、以评促管，把教育作为一项事业来推动发展。

2.加强整体指导，促进辅导员自身发展

尊重和支持辅导员队伍的成长发展需求，既是对辅导员队伍的一种理解与关爱，也体现了一种求真务实的态度和着眼事业发展的使命感。高校应加强对辅导员队伍的职业生涯规划指导，将辅导员队伍建设与学校整体队伍建设结合起来，注重文化育人，推进人本管理，强化专业培养，促进辅导员队伍健康发展。广大辅导员作为高校教师队伍中年轻而富有活力的群体，应主动适应新形势、新任务、新要求，努力成为立德树人、教书育人的楷模，不断提升业务水平，不断加强学习研究，努力成为高素质专门人才。

3.提升质量意识，实现内涵发展

要推动高校的内涵式发展，关键在教师。辅导员队伍作为高校教师的重要组成部分，是高校立德树人的中坚力量，在高校变革发展的道路上，这支队伍的内涵式发展尤为重要。随着经济社会和高等教育的内涵式发展，传统粗放式、外延式的学生工作管理模式已经难以适应学校发展的要求，难以满足大学生成长成才的发展需要，辅导员队伍聚焦主责主业并转型为内涵式发展就显得极为迫切和紧要。只有抓住了辅导员队伍这一核心，才能为培养德智体美劳全面发展的社会主义建设者和接班人提供有力的思想保证、精神动力和智力支持。

（五）明确概念内涵，掌握方式方法

要理清内涵式发展的概念，必先认识何为内涵。所谓内涵，是指一个概念所反映事物的本质属性的总和。内涵式发展是以事物内部因素作为动力和资源，旨在促进事物本身的质量提升和内部生长的一种发展模式，如水平提高、结构优化、实力增强等。辅导员队伍的内涵式发展，即以高校的发展需要与辅导员群体的发展诉求为动力，通过挖掘辅导员队伍的潜力，优化内部结构，整合资源要素，以期促进辅导员队伍知识素质、工作技能、研究能力、自我认同的提升，实现辅导员队伍的职业化、专业化和专家化。

1. 树立远大职业理想，坚定从业信念

高校辅导员是高校开展学生工作的专业人员，是立德树人的骨干力量。作为辅导员，应当树立崇高的职业理想，制定长远的职业发展目标。将个人事业、职业发展与长远目标相结合，做好职业生涯规划。辅导员自身要对辅导员事业的责任感和使命感有更深刻的认识，提升职业自豪感，增强对辅导员身份的自我认同感。此外，不要仅仅着眼于微观的、个人的发展困境，要以更高远的情怀去审视辅导员群体的生存困境，充分发挥群体的主观能动性，突破群体面临的困境，实现内涵式发展。

著名教育家陶行知先生说过，学校的任务是千教万教，教人求真；千学万学，学做真人。由此可见，在教师的职业生涯中，"育人"有着重要地位。辅导员是学生成长成才的引路人，在教育事业蓬勃发展的今天，辅导员更应具备坚定的理想信念和立德树人的职业追求。中国梦和两个一百年目标的提出，不仅要求辅导员教育学生树立正确的人生理想，更将辅导员践履笃行的目标定位为志存高远、爱岗敬业、忠于职守、乐于奉献，引导他们将职业规划、个人理想与祖国的伟大复兴紧密联系到一起。辅导员站在时代前列，以培育优秀人才、发展先进文化和推进社会进步为己任，应树立强烈的职业光荣感、历史使命感和社会责任感。通过深入学习辅导员誓词，明确辅导员核心价值取向，建立辅导员职业道德规范；组织开展高校辅导员先进事迹报告会，继续开展辅导员年度人物评选活动，培育发掘辅导员先进典型，塑造辅导员职业形象。

2. 充实专业知识，提升理论水平

辅导员工作涉及学生学习生活的方方面面，因此必须具备从事相关工作的知识储备，包括教育学、心理学、管理学、法学、创业教育、专业课程等多学科知识，并时刻关注时政，具有一定的政治敏锐性。教育部令第 43 号明确提出，把辅导员培训纳入高校师资队伍和干部队伍培训整体规划。作为干部后备军，辅导员应多读历史，掌握扎实的历史知识，明己智亦明人之智。辅导员面对的大学生，他们知识量大、极具个性、追求特立独行。面对这样的学生群体，辅导员要不断更新知识体系，拓宽眼界，积极开展学术研究，提升自身理论水平。

2014年，《高等学校辅导员职业能力标准（暂行）》（以下简称《标准》）的出台，第一次以明确的形式界定了辅导员工作的主责主业和定级标准，成为高校开展辅导员队伍内涵式建设的目标导向。但是，《标准》不可能给工作提供一劳永逸、简单具体的方法，更多的是作为思考问题、处理问题的科学原则和参照。不同学校和专业有不同的特点，受生源情况、地缘因素、学缘因素等影响，辅导员工作开展的前提必须兼顾普遍性与特殊性，做到具体问题具体分析。因此，围绕《标准》结合实际，制定科学的考核评价体系就成为提升辅导员工作内涵发展的关键所在。

3. 磨砺工作技能，强化专业素养

《普通高等学校辅导员队伍建设规定》中明确提出，要胜任辅导员工作岗位，必须具备较强的组织管理能力、语言文字表达能力、教育引导能力、调查研究能力，以及具备开展思想理论教育和价值引领工作的能力等。首先，学校应重视辅导员队伍的发展，每年聘请相关学科专家和优秀学生工作者，对辅导员开展各类专项工作技能培训，强化辅导员工作能力，如网文写作课程、谈心谈话活动、危机事件处理、心理辅导方法，等等。其次，开展辅导员技能大赛，通过比赛引重视、促交流。最后，建立"以老带新"校内师徒制培养模式，让有经验的优秀辅导员担任引路人，带动在工作经验和工作技能方面较欠缺的新进辅导员快速适应新工作、新岗位，亦能较快地掌握相关的工作方法和能力。

辅导员工作始终处于发展变化之中，不同时期的工作要求有所差异，一定要明晰辅导员队伍内涵式建设的观测点。面对辅导员队伍建设专业化的时代需要，应从以下五个方面入手提高工作能力：一是做好学生教育工作。辅导员在教育工作中应有所侧重，将教育理论与实际工作相结合，总结开展工作的经验，形成有特色、有规律的工作方法。二是做好学生日常事务管理工作。学生安全日益成为管理工作的关键点，辅导员在依照校规校纪、人才培养方案等要求实施对学生的学习和生活管理时，要全面贯彻安全教育管理；在指导学生党支部、班委会建设和培养学生干部的过程中，努力激发学生的创新思维；以群众路线为指引，做好学生日常管理工作，走进寝室、班级和课堂。三是做好学生突发事件处理工作。辅导员面临社会重大热点问题和重大事件时，应能够给予学生及时、正确的引导。除能科学应对多发的群体聚众、公共卫生、意外伤害、刑事治安、交通事故等类型的学生突发事件外，还应加强应对自然灾害、信息安全等方面突发事件处理程序和方法的掌握。四是做好学生心理健康教育工作。学生心理健康问题日渐增多，辅导员应更加注重心理健康教育知识的掌握，加强业务能力和咨询能力的学习，更好指导学生解决学习成才、择业交友、健康生活等方面的问题。五是做好学生职业发展指导工作。辅导员应坚持毕业生就业工作早谋划、早动员、早部署的原则，努力掌握职业生涯规划知识和技能，及时为学生提供优质高效的指导，帮助毕业生实现更高质量的就业。

4. 实践结合理论，提升学术钻研能力

学术资本是高校赖以生存和发展的主要资本类型，高校内涵式发展离不开学术资本的累积与再生产。辅导员作为高校人力资本以及生产学术资本的后备军，其学术钻研能力是内涵式发展的重要板块。由于辅导员工作较繁杂，长期深陷于学生日常事务性管理工作中，缺乏深度的理性思考，科研能力较薄弱。这既不利于高校学术资本的积累，也不利于实现辅导员队伍向专家化的转变。要提升辅导员队伍的研究能力，关键是转变意识。学校层面，要把辅导员队伍看作是学校学术资本的生产者，挖掘辅导员的学术潜力，鼓励辅导员做科研。通过提供科研项目，设置科研奖励，营造浓厚的学术氛围，引导辅导员积极参与科研活动。辅导员层面，要培养思维自觉，养成深度思考的习惯，善于对工作实践中的问题、困惑进行理性分析总结，将经验性知识转变成理性研究。

5. 整合资源要素，创建辅导员协同发展共同体

辅导员是高校重要的人力资源，构建辅导员协同发展共同体，促进辅导员之间的信息交互和深度学习，既有利于促进辅导员本身的内涵式发展，也有利于形成合力促进高校的发展。所谓辅导员协同发展

共同体，是指基于提高辅导员知识技能、研究能力，围绕真实工作问题，以协同原则为指导，整合群体中的资源要素，如信息、技能、经验等，组成的深度学习组织。首先，建立宏观拓宽机制，优化辅导员队伍建设的宏观环境；其次，提供交流平台，打破各校之间辅导员互通的壁垒，形成辅导员发展的合力。最后，可打造辅导员名师工作室，为辅导员创造"共在"情境，实现"共工作""共效应"，促进辅导员互通共生共赢。

第三节　内外联动，实现新提升

高校辅导员是高等学校教师队伍和管理队伍的重要组成部分，具有教师和干部的双重身份，在学生日常行为管理、学生党建、就业指导、心理健康教育等工作中发挥着重要作用。为实施国家人才战略、保证国家和高等院校的稳定发展、促进学生成长成才，要尽快解决当前高校辅导员队伍面临的问题，因此，积极推动、改进、创新新形势下辅导员队伍建设的新模式极为重要。所以，要把加强辅导员队伍建设，要把高校辅导员队伍素质能力提升作为一项系统性、长期性的战略任务来抓细抓实。

一、激发内生动力，促进内力驱动

发展的本质，是个体对自我的不断否定和超越。辅导员的专业发展，最终也必然要落实到辅导员个人，需要依托辅导员的内在激情与动力。

（一）内驱力概念的界定

内驱力是心理学的一个术语。美国心理学家赫尔（Clark L. Hull，1884—1952，新行为主义代表人物之一，主要著作有《心理、机制和适应性行为》。他强调指出，内驱力并不指向特定行为，而只是激活行为，行为是受环境刺激指引的）指出，有机体的需要能够产生内驱力，内驱力激起有机体的行为。赫尔主要将内驱力分为原始性内驱力和继发性内驱力两种。原始性内驱力是指同生物性需要状态相伴随，并与有机体的生存有密切的联系，这些内驱力产生于机体组织的需要状态，如饥、渴、空气、体温调节、睡眠、活动、回避痛苦等。继发性内驱力是就情境（或环境中的其他刺激）而言，这种情境伴随着原始性内驱力的降低，结果就成了另一种内驱力。也就是说，以前的中性刺激由于能够引起类似于由原始性内驱力所引起的反应，而具有内驱力的性质。

美国著名的教育心理学家奥苏贝尔在对教育心理进行研究时，将内驱力分为认知内驱力、自我提高内驱力和附属内驱力三种。认知内驱力是指要求理解知识以及系统地阐述问题并解决问题的一种初期需要，自我提高内驱力是指个体因胜任能力或工作能力而赢得相应地位的一种需要，附属内驱力是指为了保持长者们（如家长、教师等）的赞许或认可而表现出的认真工作的一种需要。奥苏贝尔认为，在人类行为中，这三种内驱力会同时起作用，但是其影响程度却不同，通常会随着年龄、性别和社会阶层的成员地位等因素而变化。

简而言之，心理学家认为内驱力是一种能够产生心理活动的先天的能量，当它发生作用时就会产生某种需要的感觉或是一种紧张状态来推动个体的活动，从而消除兴奋和紧张，继而达到满足。

（二）内驱力是个体内部产生的驱动力

内驱力由需要产生，或者说需要是内驱力的原动力。当机体缺乏某种东西而产生需要时，机体内环境的相对稳定（内稳态）便遭到破坏。例如，需要水分或需要食物时，机体内细胞内外的水的渗透压或血液中糖分的一定水平遭到了破坏。这种生理变化所产生的需要便对机体形成一种紧张的内驱力，从而导致求饮、求食行为，以恢复个体内部的稳定状态。也就是说，因需要而产生内驱力。内驱力大致与需要呈正相关。例如，饥饿的人比吃饱的人具有较强的内驱力，而又饿又渴的人比只是饥饿的人具有更大的内驱力。当然，人的需要有物质需要和精神需要之分，因此，人的内驱力也可分为两大类：由生理的物质需要而驱使机体产生一定行为的内部力量，称为原发性内驱力或基本的内驱力，如饥饿内驱力、口渴内驱力、避痛内驱力。由责任感等后天形成的社会性需要所产生的内驱力，称为继发性内驱力或社会性内驱力。一般来说，社会性内驱力对原发性内驱力起调节作用。

（三）内驱力的作用

基本心理需求理论认为，基本心理需求的满足能够增强内部动机。当个人的心理需求得到满足时，个体能够表现出更强烈的内部动机，并在活动的执行中有更好的表现。心理需求的有效满足是个体行为的重要内驱力。它不是静止不变的，而是一个处于动态变化中的"力"，是可以认识和把握的，可以为其施加动力或阻力，以加强或改变其方向、强度，从而驱动个体在正确、健康的人生道路上实现一定的目标。内驱力能够"唤起人实行自我教育"，能够自我激活、自我定位、自我推动。

1.内驱力能够唤醒个体自我教育、自我完善的意愿

需要是一种被意识到的欠缺和不满足状态，这种状态引起的感觉、思想、动机、意志成为追求理想的意图，并通过人们的现实活动来消除欠缺状态和实现理想。没有对需要的追求，便不能产生自觉的活动。当个体尚未意识到自己现有水平不足的时候，个体处于平衡状态，自我教育愿望便不会产生；只有个体自觉与之相对照、相比较，或者反观旧我，从而发现自己的不足，改变了过去的自我评价，并产生对自

己的不满情绪、态度，激发了改进和提高自己的要求和愿望，自我教育、自我完善的愿望才会产生。

2. 内驱力引导个体自我教育的方向和目标

人的需要是同人的活动的目的联系在一起的。目的指导人的活动，诱发人的动因，并规定活动的性质和方向。这种目的，从一般意义上说，是活动结果的观念形象。如果从其根源或内容方面来讲，目的是被自我意识到的需要，是对于某种对象的需要在意识中的反映。由此需要产生的内驱力，驱动着个体在自我教育过程中朝着既定目标努力。

3. 内驱力推动个体不断自我完善

需要满足的积累效应原理表明，一种需要越是不能充分地得到满足，它就处于不活跃状态；一种需要越是充分地得到满足，它的发展则越快。个体在没有追求自我实现的需要时，他可能会是静态的，为其他需要所压抑，但是，一旦自我成为主体，积极追求自我完善和自我发展时，他的自我教育愿望就会接连不断地出现，呈现出自我教育的"惯性"。因此，每次健康的、积极的自我教育愿望的实现，不但不会使主体松懈对自己的追求，反而会产生更多的自我教育愿望，进而不断地推动自我教育活动的开展。

4. 内驱力确保自我教育和完善的最终实现

需要对于活动的意义和力量在于它使人确立一种意志，它使人们在活动中表现出主动性、积极性和顽强性。这是人们进行任何有目的的活动所必备的一种精神动力。这种动力的有无、强弱，不仅对活动的展开、持续具有重要意义，而且在关键的时刻决定着活动的成败。意志是人们最为熟悉的心理过程，意志能够支配情感，虽然意志接受内驱力的影响，但意志也能够调节内驱力。

内驱力虽然是人的内部驱动力，但同样是由物质所决定，其产生和运作情况是由个体自身的状况所决定，同时还要受到个体所处外部环境的影响。绝大多数辅导员在刚刚参加工作的时候，都是怀着一种强烈的干劲和成就动机的。但是，随着工作的开展，幸福感、荣誉感逐渐缺失，如何激发辅导员自我发展的内在动力等，就成了摆在高校管理者面前最为紧迫的问题。目前辅导员队伍中存在以下现象：一方面，把辅导员工作作为过渡性、临时性职业，他们游离在职业边缘，职业理想不坚定，职业认同不牢固；另一方面，辅导员自身职业定位模糊，职业认同感低，职业兴趣薄弱，育人意识淡薄，不能充分认识自身工作对大学生成长发展和高校人才培养的重要作用。这也成为辅导员队伍专业化、职业化发展的一个重要瓶颈。而造成此现象的一个重要原因就是辅导员的个人职业发展需要没有得到有效满足，职业内驱力没有得到有效激发。

因此，探索高校辅导员在职业生涯的不同阶段的基本心理需求，制定科学有效的、适应不同职业发展阶段辅导员的激励政策，提供能够满足其职业发展基本心理需求的发展空间，促使其职业能力和成就得到社会的认可和尊重，实现其职业理想和抱负，使其个人的社会价值得以充分体现，才能充分激发辅导员的内生动力，让更多的人愿意将辅导员作为终身事业，继续学习深造、进行课题研究，不断提升个人职业技能和专业水平。

二、注重氛围营造，提升职业认同

作为高校教师队伍中的特殊群体，辅导员具有教师和干部的双重身份，是管理工作的组织者、实施者、指导者，辅导员的职业是重要的、光荣的。但是现实中，诸多因素导致辅导员的职业认同降低，工作积极性和效能下降，甚至随着工作年限的增长出现职业倦怠，所以提升辅导员的职业认同感是一项非常重要的、迫切的工作。

职业认同不仅是一个过程，而且是一种状态，是指个体对其所从事的职业的认可。其中的过程指个体从自身经历中证实自我角色与慢慢发展的过程，其中的状态是个体对从事职业的认同度。高校辅导员职业认同涉及高校辅导员职业社会认同与高校辅导员职业自我认同。高校辅导员社会认同即社会对高校辅导员职业的认可，如社会、高校与学生认同等方面。高校辅导员职业自我认同是校内辅导员个体对其职业的认可度。高校辅导员职业认同受社会、个人与组织等多方面要素影响。社会要素以国家策略与职业声望等内容为主，个人要素以职业情感、认知、价值观与意志等方面为主，组织要素是确保审核评估、激励制度、政策与组织文化等方面。现阶段，优秀的职业认同可以帮助高校辅导员减缓工作压力、降低疲惫程度，可以使高校辅导员的工作效率、职业忠诚度得到提升，可以使辅导员职业能力提升的主动性得以提高。

（一）高校辅导员职业认同现状

目前，高校辅导员职业社会认同度低。从目前各高校实际情况来看，由于高校学生的特征，辅导员的大部分工作属于事务性任务，缺乏专业属性，导致经常不被看作高校教师。除此之外，辅导员具有非常严重的职业疲倦情况。现阶段，辅导员职业疲倦基本呈现出工作热情不断降低的趋势，不仅工作态度越来越冷淡与消极，而且职位成就感不断下降。职业倦怠使高校辅导员的自身职业认同和职业能力提高的主动力逐渐降低，主要表现如下。

一是职业能力发展缺乏规划。高校辅导员职业能力培养属于系统工程，应该进行整体规划，科学合理的职业生涯规划对高校辅导员产生积极的职业认同有极大帮助。在实际工作中，由于受外在与自身因素的影响，一些辅导员的事业认可程度低，目标不清晰，这抑制了其职业能力的发展。具体表现在以下两方面：一方面是高校辅导员自我发展规划意识较弱。当外界未出现压力时，大多数辅导员不会主动制定个人职业规划方案，存在职业方向不明确的现象，仅仅有极少数辅导员能够做出科学合理的职业规划，确立自身的职业目标。另一方面是高校在辅导员整体规划发展上有待提高，不仅缺失对辅导员职业生涯的监管与引导，而且缺乏有效评价、反馈制度、培训的分层次、分时期与一体性等。

二是职业能力评价缺乏科学性。高校辅导员在专业化与职业化方面的必然需求是建立科学的工作能力评价系统。工作能力评价的功能包括鼓励、指导与评估。高校辅导员的级别在《职业能力标准》中依据工作年限被分为初级、中级和高级三种，同时在各级别辅导员的工作内容、职业功能、相关理论知识要求以及能力需求等方面做出具体规定，为职业能力评价构建了良好的理论构架。但是现阶段，职业能力评价系统并不健全，在量化审核指标体系的科学性、评价的内容、办法与过程等方面出现忽视评价成果等问题，致使《职业能力标准》预期的成效未体现出来，技能评价的约束程度降低，给辅导员工作的积极性带来了沉重打击。

针对以上问题，提出职业认同视角下高校辅导员职业能力提升的具体路径，主要有以下几个方面。

一是提高辅导员职业能力提升的主动性。第一，强化社会认知。一方面，高校应该加强对高校辅导员职业能力提升的重视程度，正确指引舆论，不断加大宣传力度，改变社会、校园与学生对高校辅导员身份的认知，以便为高校辅导员树立良好的职业声望与形象提供帮助。另一方面，教育主管单位与高校应该根据目前学校的实际情况制定出科学性、可行性强的政策。例如，改善培育制度、完善保障策略、确立岗位职责、提供科学研究平台，从而给辅导员的成长营造出良好的社会环境。第二，强化高校辅导员的自我认识。例如，高校辅导员需要充分感受到自身的职业价值，同时了解到辅导员工作在培育人才方面的关键作用与长久性意义。

二是加强辅导员个人职业生涯规划。高校要抓住这一契机，优化对辅导员职业生涯规划的管理，将职业生涯规划这一理念引入高校辅导员队伍建设中，更好地体现高校管理中以人为本的核心思想，同时也为大学生教育的可持续发展提供丰富的人才资源。辅导员要意识到自身在高等教育发展中的重要作用，认真学习职业发展理论，充分发挥主观能动性，对自己的职业生涯进行合理的规划。

（二）引导高校辅导员做好职业生涯规划

高校应该让辅导员认识到职业生涯规划可增强其职业意识，以及职业生涯规划在辅导员团队的职业化、专业化构建与自身发展方面的重要性。一般情况下，职业生涯策略效能感越高，其认同感就会越高，生涯探究的频率也会越来越高。基于此，强化高校辅导员职业生涯规划具体包含三方面内容：第一，应用辅导员胜任能力的模型，将具备优秀辅导员特质和相应领域专业知识背景的人才通过招聘的方式引入辅导员队伍中来。第二，高校辅导员需要进行自我评估，如自身的知识水平、性格、能力、价值观与兴趣爱好等方面，同时对自身所处的职业氛围进行科学正确的评估，明确适宜个人职业发展的方向。第三，高校应该依据校内每位辅导员的发展需要与不同阶段的实际情况，拟定出相关评价、培训以及激励制度，为高校辅导员在个人发展方面提供越来越多的平台，达成高校辅导员的发展方向与个人发展相统一的目标。

三、强化学用结合，提高实践智慧

辅导员是高校大学生德智体美劳全面发展的引路人，也是高校大学生日常管理和教育工作的重要力量，肩负着高校立德树人的责任和使命。在"三全育人"背景下，辅导员一定要强化学用结合，不断探索提升自身核心素养的路径，促进自身政治素养、理论知识素养、职业能力素养等必备核心素养的提升。高校可以进一步完善高校辅导员队伍的建设，为辅导员提供更多理论学习和能力提升的机会，从而促进高校教育工作的开展，完成培养社会主义建设者和接班人的根本目标。

（一）高校辅导员核心能力提升路径

高校辅导员在"三全育人"模式下具有极为重要的作用，是推动实现"三全育人"总体目标的重要主体之一，这也要求高校辅导员必须要有较高的核心素养。提升高校辅导员的核心素养需要各领域协同合作，需要从各个方面着手，高校辅导员自身也要有意识地提高自身的政治素养、理论知识素养、职业能力素养等核心素养。

1. 不断夯实政治理论体系，提升政治素养

辅导员作为高校教辅人员中的重要部分，在全员育人的模式下发挥着重要作用，也承担着做好高校教育工作的责任，这就需要辅导员具备较高的政治素养。很多高校认为辅导员只要管好学生日常生活方面的工作就可以了，并不重视辅导员政治素养的提升。为了使辅导员具有坚定的政治素养，需要用先进科学的政治理论体系促进辅导员政治素养的提升、强化辅导员的政治意识。用政治理论体系提高辅导员的政治素养，使其能更好地担负起培养社会主义建设者和接班人的重要职责，促进"三全育人"总体目标的实现。

2. 搭建学习和科研平台，提升理论知识素养

辅导员既是管理人员也是教师，具有双重身份。因此，辅导员要有扎实的理论知识，要提升理论知识素养。在这方面，高校要多鼓励和支持辅导员继续深造，使辅导员队伍整体的学历得到提升，以此促进高校辅导员理论知识素养的提升。另外，高校也要搭建科研平台，提高辅导员的科研能力。除了通过搭建学习和科研平台提升辅导员的理论知识及核心素养外，辅导员自身也要有意识地学习理论知识，练就扎实的理论根基，用理论来指导工作，提升自身的理论知识素养。

3. 分阶段、分层次开展职业培训，提升职业能力素养

高校辅导员全面负责学生的学习、生活和发展规划，在"三全育人"理念下，辅导员要有针对性地管理和教育学生，这就要求辅导员

要具有较高的职业能力素养。要根据学生的需要培养辅导员，因为每个学生的学习和成长有不同的阶段，学生也有不同的层次，因此对辅导员职业能力的培养也要分阶段、分层次。针对刚入职的辅导员，要开展最基本的职业培训，使新上任的辅导员具有基本的职业能力；针对非新上任的辅导员，要根据辅导员的发展情况开展职业培训，促进辅导员职业能力素养的整体提升。另外，辅导员还可以按专业的不同开展相应的职业培训，让辅导员发挥自己的专业优势，提升职业能力素养。在"三全育人"教育理念下，辅导员的政治素养、理论知识素养和职业能力素养的提升都尤为重要，不能片面发展。只有全面提高辅导员各个方面的核心素养，才能使辅导员在"三全育人"中发挥最极致的作用，促使"三全育人"总体目标的实现。

（二）高校辅导员实践育人能力提升途径

当前高校育人模式正经历着从传统的教书育人到实践育人的转变。辅导员承担着大学生就业创业、社会调查、公益活动、志愿服务、勤工俭学等多项实践育人环节的具体组织与指导工作。只有不断提升辅导员实践育人能力，才能更好地帮助学生在实践活动中培养创新精神、提升综合素质、树立社会责任与担当意识，为国家培养更多全面发展的高质量人才。

结合辅导员队伍建设工作实际，主要在以下几个方面不断加强辅导员实践育人能力的提升。

1.构建高校辅导员实践育人培训平台

构建起多层次、多形式的辅导员工作培训体系，把校内的专项工作培训与校外的专题培训、业务培训相结合。例如，对于大学生就业创业实践育人工作，积极引进专业的培训机构，在校内开展"GYB""SYB"业务培训；选派优秀辅导员到校外参加"新形势下大学生就业创业指导工作研修班"等。通过工作培训，获得实践育人工作开展的智力支持与专业指导，拓宽辅导员工作视野，让他们学习先进经验。

2.打造"三位一体"社会实践活动平台

重视大学生社会实践工作，形成"课余灵活式实践、周末项目式实践、寒暑假集中式实践"的"三位一体"社会实践工作平台。课余灵活式实践是指学生在课余参加校内外勤工助学和其他临时性的实践活动；周末项目式实践是指以学校周边德育基地为依托、以项目（主题）形式开展的固定性实践活动，如关爱孤寡老人、社区家电维修、法律知识上门等志愿或公益活动；寒暑假集中式实践主要指学校组织开展的"暑期三下乡"活动或就业见习活动等。"三位一体"工作平台以全时段覆盖式的社会实践活动的形式开展，辅导员要在活动中向学生进行全方位的指导，活动指导的过程、与学生一起参与活动的过程，本身就是辅导员实践育人能力不断提升的过程。

3.搭建高校辅导员实践育人项目建设平台

高校可以建立"学生工作课题研究"平台、辅导员工作室，设立专项经费支持辅导员进行课题、项目建设等，让辅导员工作实践孵化出更多理论成果。通过项目带动、典型示范，不断促进辅导员实践育人整体能力的提升。

（三）对高校辅导员实践育人能力提升的思考

1.完善制度保障

尽管辅导员实践能力提升是"辅导员队伍素质提升工程"建设的主要内容之一，但很多高校对辅导员实践育人能力的提升工作还停留在工作执行层面，在制度上没有给予充分保障。诸如，辅导员参加工作培训表现出随意性、随机性，缺乏宏观性把握；辅导员带领学生参加社会实践主题活动的选题、论证、组织、实施与考核等，缺乏严谨的程序规范；对实践项目的建设经费投入不足，不利于项目的正常建设。这都不利于学校实践育人工作的开展与辅导员实践育人能力的提升。因此，高校在加强对实践育人工作顶层设计的时候，要考虑辅导员是实践育人工作的主要组织者和实施者，要从制度层面对工作进行规范，在实施上对工作予以保障，真正从整体上提升辅导员的实践育人能力。

2.注重成果运用

在实践育人工作开展过程中，一些高校涌现出一批主题鲜明、效果明显、社会影响较大的活动项目和优秀个人，学校也组织了评选和表彰。但评选活动影响力不大，评选结果的运用没有直接跟辅导员职称评定、职务晋升挂钩。这在一定程度上降低了辅导员对工作的积极性和创造性。学校要强化对成果的运用，为辅导员实践育人能力的提升进一步夯实动力基础。

3.加强高校辅导员职业能力建设

《高等学校辅导员职业能力标准（暂行）》对初级辅导员的职业能力做出了明确的要求。可见，应具备组织、指导、带领学生开展社会实践的实践育人能力是辅导员职业能力建设最根本的组成部分之一。实践育人能力、生涯规划能力、处理网络舆情能力以及心理问题排查与疏导能力等的提升与发展，可以共同促进辅导员职业能力九个方面五个侧面的协同发展。因此，学校应加大辅导员队伍建设力度，促进辅导员队伍整体职业能力的提升。

四、鼓励团队合作，推进互促共赢

随着高校大规模的扩大，学生人数急剧增加，高校辅导员的工作职责也不断拓宽。一名合格的辅导员除了要有较高的政治素养，还必须是心理咨询方面的专家、职业生涯规划方面的高手、宿舍管理方面的能人。繁重复杂的事务性工作，多重角色的冲突和矛盾，常常让辅导员疲于应付，承受着巨大的心理压力。显然，在这种情况下，要让高校的每个辅导员都成为各个方面的行家显然是非常不现实的，"学有专长""团队合作"才能保证辅导员这支队伍健康可持续发展。

（一）加强高校辅导员自身的专业化建设

辅导员专业化建设必须贯彻于团队工作模式的整个过程，即要强调"终身学习"制。它是以辅导员指导大学生健康成长为前提，不断完善自身的教育理论和知识体系，在大学生心理健康、职业生涯规划、党团组织建设等领域接受规范和长期的专业训练，不断树立专业自信和学术团体的权威性。学校领导应该在辅导员外出培训、考察、交流、继续教育等方面适当增加投入，这样就能在通用职业能力学习之外为不同专业发展方向的辅导员提供专门化学习的便利条件，会大大提高辅导员的职业能力。职业能力的提高反过来又会提升辅导员在指导学生活动中的创造性，提高职业化的程度，促进团队的和谐全面发展。

（二）合理构建高校辅导员团队工作模式

构建合理的辅导员团队工作模式，可以改变原来按人数、分年级、分专业配备辅导员的固有思维，尝试根据辅导员的工作年限及专业特长，将辅导员的队伍这个大团队直接按大学年级的培养重点划分为"职业生涯规划教育"、"学业辅导"及"就业指导"几个分团队。各分团队中又可分为不同的发展方向，如心理辅导方向、德育方向、学生事务研究方向等。各分团队的成员的研究方向一致，大家群策群力，发挥团体优势，集中精力帮助在校大学生平稳顺利成功地度过大学的每一个阶段。

职业生涯规划教育团队的主要任务是通过科学的知识体系，使大学生初步产生"规划"学习及生活的理念，并尝试着将知识运用到实际的大学生活中，避免盲目慌乱地度过大学二年级。

学业辅导团队的主要工作对象是大二、大三年级的学生，面临着繁重的专业课，很多学生由于兴趣不高、底子不厚等原因，学习起来特别吃力。此时，学业辅导团队的老师可通过各种途径，运用专业学习方法及时辅导学生，平稳过渡到大四。

就业指导团队的主要工作是针对大三、大四学生的专接本或者考研就业问题给出合理建议。在就业过程中，团队老师通过举办模拟招聘会、简历书写大赛等相关就业技能的培训课程，帮助学生顺利就业。

纵观这三个分团队的队伍建设，不难发现，"团队合作模式"的建立不仅可以分担辅导员自身的角色压力，还可以减轻辅导员的工作负荷。避免角色冲突的同时，也使工作职责更加明晰化，避免了多重角色的冲突与角色模糊、责任泛化的尴尬状况，提高了工作效率，减轻了心理压力。

（三）创新高校辅导员晋升及考核制度

一般高校的辅导员晋升及考核工作是由学校和院系两级部门共同完成的。学工部是学校管理辅导员队伍的职能部门，各院系负责对辅导员队伍进行具体领导和管理。在构建了辅导员团队工作模式后，辅导员的晋升与考核工作可由各分团队的队长与学工部直接对接完成。具体的考核形式可以参考积分制，主要考核辅导员在专业领域的学术研究情况、日常工作表现及学生评价等，以学年为单位计算，考核优秀奖励方式除物质激励、精神激励、职务晋升等，还应该提供对外交流和进修深造的机会，以此鼓励辅导员在工作上不断前进及创新。

五、构建支持体系，加强外部保障

进一步推动辅导员队伍的专业化、职业化、专家化发展，对于加强和改进高校教育工作具有重要意义。因此，政府和学校层面要构建支持体系，加强外部保障，不断完善高校辅导员队伍建设，提升辅导员职业能力素养。具体要做好以下几个方面的工作。

（一）完善选聘机制，严格把好入口关

辅导员担负着为党和国家培养高素质的社会主义合格建设者和可靠接班人的重要职责，其政治素质、道德素质和能力素质直接关系着育人质量的高低。因此，严格按照德才兼备的选聘标准，吸引和选择乐于做辅导员、善于做辅导员、适合做辅导员的高素质人才加入辅导员队伍，对提升辅导员专业化、职业化发展的质量具有重要意义。对辅导员个体而言，要在充分了解辅导员职业特性和要求的基础上，端正入职动机，审慎入职、主动适应、积极作为，在投入教育实

践中提升自我，探寻适合自身的专业化、职业化发展道路。对二级院系单位而言，要结合各院系学生工作需要和已有辅导员队伍结构，按照可协作（专业互补）、可培养（职业归属）、可衔接（梯队层次）原则选人用人。可以通过设立一定的入职见习与实习期，给予更充分的双向选择空间。学校和教育主管部门，要将辅导员的职业匹配度测试作为入职评测的重要环节，要着重考量辅导员的教育管理实践能力；要综合考虑各院系辅导员配置、使用情况，把辅导员选配到真正需要辅导员的院系，确保辅导员实职实岗，将辅导员的配给与使用及其专业化、职业化发展状况评估相挂钩。

（二）完善培养机制，分层分类指导

不同专业背景、不同职业认知水平、不同职业发展阶段的辅导员具有不同的发展诉求，因此，制定发展规划，有针对性地提供发展支持是推进辅导员成长发展的关键。辅导员要将自己在发展过程中遇到的困惑及时地与所在团队负责人、资深同行、相关学生工作负责人进行沟通，主动寻求指导与帮助；在具体的工作实践中积极思考探索与自己能力特点、专业兴趣和工作要求相适应的发展道路。院系要结合单位工作需要和队伍建设需要，主动关心辅导员职业发展过程中的瓶颈问题和支持诉求，重视辅导员发展的选择与期待，通过制定辅导员职业发展规划书、团队工作计划书等形式，明确具体的年度发展任务、中长期发展规划和具体支持性举措。在个性化培养过程中，提升辅导员将个人发展融入单位和学校事业发展，走专业化、职业化发展道路的信心。学校和教育主管部门要根据不同职业发展阶段辅导员的特点和二级单位及辅导员的发展支持诉求，制定具有针对性的培养实施方案。统筹资源，查漏补缺，有担当、有作为、有要求、有目标、有原则地发挥保障引领作用，通过阶段性的专题培训、分类别的工作沙龙、有目标的项目式提升计划等多种形式有效回应辅导员发展困惑，推进辅导员队伍建设进程。

（三）完善心理支持体系，做好服务工作

辅导员的心理素质和健康状况直接影响着辅导员的履职状态和履职能力，因此根据辅导员阶段性发展特点，前瞻性地构建辅导员发展心理支持体系，对于提升辅导员在履职过程中的应对能力和调适能力，保障辅导员积极正面的心理状态具有重要意义。作为辅导员个体，要主动了解不同职业发展阶段可能面临的发展困境，在做好心理建设的同时，积极寻求破解心理困境的方式方法。在提升自身心理能力的过程中，提升通过心理教育实现思想引领的专业能力和职业化发展的心理动力。院系要从辅导员的生活状态、工作状态、学习状态、精神状态中及时洞察辅导员的心理状态，通过党委、工会、青年联谊会等党群渠道，切实帮助辅导员解决对其心理健康造成破坏性影响的困难和危机事件，通过个别谈心、团队活动、正向激励等方式，及时疏导排解压力，加强辅导员对院系的归属感，帮助辅导员深入体验辅导员职

业幸福感。学校和教育主管部门，要建立辅导员"院系—学校—社会"三级心理支持体系，提供不同职业发展阶段的职前及职中专题心理健康教育、职业伦理咨询服务、日常心理健康咨询服务、定期心理健康测评及支持服务、突发事件中的心理应激指导和事后的疏导性支持等服务，帮助辅导员能够实时、全面地得到专业的心理支持。需要特别关注成长收获期辅导员积极心理因素的保持和负面心理因素的消解，最大限度地转化消极倦怠感，缩短甚至避免职业倦怠期。

（四）完善考核培养制度，提升科学化管理水平

由于高校实行二级管理体制且呈现管理重心下移的趋势，短期内辅导员在院系兼任其他岗位工作的现状很难得以彻底改变。如何统一二级单位和学校对不同发展阶段辅导员的考核标准，并依据考核结果提供针对性的培养支持，是提升辅导员队伍科学管理水平、凝聚辅导员职业归属感的重要方面。辅导员要主动了解辅导员岗位职责和职业能力标准，自觉对照考核要求，按照"全面发展、专业精深、长期从业"的专业化、职业化发展目标，严格要求和规范自己的从业行为；正确认识"分内工作"和"兼职工作"的关系，主动挖掘"兼职工作"中的育人资源，通过自觉的转化，促进本职工作的开展。院系要充分考虑辅导员的岗位职责要求和工作特点，尽力安排符合辅导员专业特点和兴趣特长、有利于资源整合、可促进辅导员工作开展和育人目标实现的工作，充分考虑辅导员"分内工作"和"兼职工作"的

比例和对单位的贡献率，通过绩效考核，在物质和精神上给予肯定和鼓励，提供可能的发展晋升通道。对无法胜任或兼顾好两者关系的辅导员，要积极与学校学生工作部门沟通，为其提供合适的培养支持或流出通道。学校和教育主管部门要在充分尊重院系考核标准的基础上，坚持把握对辅导员的最终考核权，坚持将辅导员专业化、职业化能力素质和育人实效作为辅导员考核的主要依据。同时，要加强对院系及学校辅导员团队的考核管理，以督促院系和学校将对辅导员个性化成长的支持落到实处。

（五）以团队建设为依托，做好辅导员梯队建设

在辅导员发展过程中，会因为不同的任务、不同的情境、不同的发展阶段、不同的发展诉求、不同的队伍归属形成不同的辅导员团队。做好不同类型的团队建设对于辅导员队伍建设具有重要的推进作用。辅导员要根据自己的职业发展阶段、专业化发展兴趣、具体工作任务需要，主动归属、积极参与各种辅导员团队建设，并在团队建设过程中主动学习、积极作为，在精品团队打造过程中实现自身的专业化成长。对院系而言，要根据专兼职辅导员特点，在打造单位特色的辅导员团队过程中凝聚育人共识、形成育人合力，实现辅导员队伍在专业特长、年龄结构、发展阶段上的有效互补和衔接。学校和教育主管部门，要充分整合全校或所辖区域内辅导员队伍资源，通过任务式或兴趣式的团队组合形式，加强辅导员队伍交流，激发辅导员队伍的专业

化、职业化互助自觉。如鼓励跨学科交叉融合的理论——实践研究团队，牵线以兴趣特长为连接点的发展共同体，开展同一职业发展阶段辅导员沙龙，打造不同发展阶段辅导员的传帮带计划等，让辅导员在团队归属中获得专业化、职业化发展动力，提升职业认同感和归属感。

（六）搭建多样化平台，提升专业化能力

辅导员的成长发展经历向我们揭示出多样化的工作实践和锻炼平台是帮助辅导员探寻专业化职业道路的重要途径和载体。辅导员要善于把握实践机会，将被交付的每一项工作任务都看作是职业成长的契机；按照工作职责要求，主动寻求锻炼平台，在展示自我或发现不足的过程中完善自己的专业能力。院系要适才而用地为辅导员提供锻炼平台，帮助其在发挥特长的过程中创获职业成就感；对于辅导员应当提升的专业技能，要递进式地提供任务机会，帮助其逐步提升专业化能力。学校和教育主管部门可以通过组织各种专业化职业能力竞赛和风采展示大赛，择优选送辅导员参加更高级别的竞赛，以赛促能；也可以根据辅导员阶段性发展特点、绩效考核情况、个人兴趣爱好等，定期选送辅导员跨院系、跨校、跨地区进行挂职锻炼或岗位交流，以拓宽辅导员专业化视野，提升辅导员专业化能力。

（七）完善荣誉奖励制度，提升育人使命感

调研显示，辅导员对于职业的精神回报要求高于物质回报要求。

因此，建立恰当的荣誉制度对于提升辅导员职业理想和育人使命感具有积极作用。对辅导员个体而言，应正确认识荣誉，让精神荣誉超越物质荣誉，让职业荣誉、团队荣誉和集体荣誉超越个人荣誉，这是一个不断进取的过程。对院系而言，要严格按照考核结果，建立与薪酬制度、话语权力制度相对接的荣誉制度，这对于辅导员职业归属感的确立非常重要。特别是对稳定成长期的辅导员而言，显得尤为重要。对学校和教育主管部门而言，要根据辅导员工作的要求和不同发展阶段的特点，建立纵横交错的辅导员荣誉制度。如不同辅导员专业化发展领域要有相应的荣誉制度，不同职业发展阶段的辅导员要有相应的荣誉制度。除了辅导员年度人物、职业能力大赛获奖者等奖项外，还可设立优秀职业规划师、优秀"形势与政策"课讲师、优秀心理健康教育工作者、优秀班级管理者、优秀易班工作者等奖项；针对不同发展阶段的辅导员设立最佳新人奖、职业达人奖、坚守奉献奖、专业育人奖、终身成就奖等。对于获得荣誉的辅导员要加大宣传力度，为他们搭建展示平台，让他们有更多机会发挥专业特长，更好地发挥榜样示范作用。

（八）健全流动机制，凝聚全员育人共识

人员流动是辅导员队伍发展过程中不可避免的现象，也是辅导员队伍发展活力的体现。这个过程中可能会出现两种状况：第一种是辅导员个体对自身专业化、职业化发展的方向性选择逐渐清晰坚定。对

这一部分辅导员，我们需提供专业化的职业理论、政策理论、发展理论支持，帮助他们搭建各种展示平台和交流平台，进一步畅通专业化、职业化发展的上升路径，使他们能够有机会成为某个专业工作领域的专家，并能通过适当的方式发挥他们在辅导员工作实践和研究中的引领作用。一般而言，如果能够在转型变化这一阶段取得专业化、职业化发展的机遇和成果，就可以为其终身从事辅导员工作奠定基础。另外一种可以分为两种情况：一是辅导员个体通过综合考量，希望通过转岗、交流、创业等形式中断或终止辅导员工作；二是根据社会、学校需要，在尊重个体意愿的基础上，成为社会各行各业、学校各职能部门的管理、教学或科研骨干。对这些在辅导员工作岗位上得到全面锻炼并做出贡献的辅导员，我们要给予充分理解和信任，合理安排、积极举荐、跟踪培养，让他们在新的工作岗位上发挥作用，成为合力育人体系中的骨干力量；同时，也展现出对辅导员队伍的切实关注和悉心培养，增强了辅导员队伍的吸引力和凝聚力，为辅导员队伍人才回流和育人资源整合奠定良好基础。

六、重视品牌打造，创新引领提升

目前，高校辅导员职业发展有了国家层面的支持，各个省市、高等学校同样制定了相关的配套规定与措施，高校辅导员工作得到了普遍的重视。但是在高校改革和发展过程中，在当下社会文化日趋多元化和大学生价值追求日趋复杂化的社会大环境下，打造高校辅导员"职业品牌"，提高辅导员的整体形象和影响力，鼓励他们在实际工作中勇于创新探索出一条与众不同、切实可行的育人方法，增强高校辅导员工作的针对性和吸引力、感染力，使高校辅导员工作始终保持生机和活力，仍然十分重要。

（一）高校辅导员职业品牌的含义

辅导员"职业品牌"的概念是从市场营销活动中的"品牌"概念延伸而来的，是指辅导员在工作不断发展的基础上得到普遍认可。和"辅导员品牌""辅导员工作品牌""辅导员活动品牌"相比较，燕山大学李宁老师在《高校辅导员职业品牌概念、特征及培育研究》中使用的"辅导员职业品牌"更准确，更能体现其职业相关性。打造辅导员职业品牌和辅导员其他的职业活动相比，具有以下特点：首先是创新性。任何品牌都有自身的特色优势，辅导员职业品牌也是如此，重复别人的工作谈不上品牌创造，从育人目标出发，从学生自身特点出发，从辅导员的个人工作实际出发，与时俱进，创建具有自身特点的职业品牌才有其价值。其次是持续性。品牌建设并不是一蹴而就的工作，也不是一时一事之功，从开始的策划，到初期创建，再到培育优化，是一个长期建设、维护的过程。最后是发展性。辅导员职业品牌还应具有发展性，它不是简单的重复，而是不断精进的过程，是发现、分析、解决问题，不断提高认识、优化方法、完善细节、提升育人效果的持续过程。

辅导员职业品牌建设有助于增强辅导员职业能力提升的内驱动力。辅导员职业能力提升首要解决的是辅导员个体对职业的态度，以及对完善职业认知，提高职业认同，实现职业热爱的认同。从谋划做，开始做，持续做，直到完成的这个过程中，不仅明确了为什么要做、怎么做，更重要的是在发挥个人能力的过程中，找到了职业的价值和意义，这对建立职业能力提升的内驱力具有重要价值。

辅导员职业品牌建设有助于为辅导员职业能力提升构建外部的支撑系统。职业品牌的特征决定了它传播广泛和影响范围较大，在实现其品牌创建目标的基础上，充分发挥了辅导员个体的能力，展现出个体的优势和工作特色。汇集所有职业品牌创建过程中辅导员所展现的职业表现、职业素养和职业精神，就能构建起辅导员队伍的职业影响力。可以在现有的政策基础上，为辅导员的职业能力提升争取更多的外部支持，形成内外良性互动，进一步推动辅导员的职业化发展和专业化成长。

辅导员职业品牌建设对辅导员职业能力提升具有实践意义。辅导员的职业能力提升需要通过不断学习、培训交流等途径来提高理论素养，丰富专业知识，拓宽工作视野。同时也需要在不断的实践中运用知识，思考问题，锻炼能力。在品牌创建酝酿、诞生和培育的三个阶段中，需要辅导员操控整体任务，思考工作方法，实现工作目标，每一个环节都是对辅导员的考验与锻炼，辅导员职业品牌建设作为辅导员职业能力提升的重要载体和途径，对辅导员在职业道德品质、基础业务能力和职业技能方面具有重要的实践价值。

（二）高校辅导员职业品牌定位要准确化

创建高校辅导员职业品牌首先要有清晰的品牌定位。准确的职业品牌定位，可以让个人特质在工作中充分显现出来。高校辅导员是通过不同的项目和载体完成工作的，在职业品牌创建时，一定要充分了解、挖掘自身的潜质，选择自身擅长的方面来做。借鉴品牌定位的理论，高校辅导员职业品牌的定位可以从自身、职业、竞争者三个角度进行：从自我角度总结自身的性格特点、自身的优势能力及某方面的特长等；从职业的角度，个人能为学生的成长成才带来哪些帮助，个人擅长的工作等；从竞争者的角度，对比分析个人所具有的优势和专业特长等。

（三）高校辅导员职业品牌设计要具体化

高校辅导员职业品牌设计是在品牌定位的指导下进行的。在品牌定位之后，高校辅导员就要设计能够体现个人特质的职业品牌。高校辅导员可以结合自身的职业生涯规划对自身职业品牌进行设计。职业生涯规划就是经由知己、知彼、抉择及行动等步骤，对自己的职业生涯做出系统且具体的规划。高校辅导员要以自己的品牌定位为方向，根据职业生涯规划中的"知己、知彼、抉择及行动"四个步骤，不断进行自身素质的提升和核心职业能力的打造，将塑造个人职业品牌的要求细化。辅导员核心职业能力相当于产品质量，个人职业品牌质量的检验以个人所具备的专业技能和职业品牌优势为标准。因而，高深的专业技能是职业品牌建立的重要元素。

（四）高校辅导员职业品牌个性要独特化

高校辅导员服务的对象是有思想有个性的大学生，高校辅导员的职业品牌只有体现出自身的风格、特色，才能给学生留下深刻印象。具体来说，高校辅导员应该按照由内到外三个层次来打造独特的职业品牌：第一，不断提升自身的内涵与修养，即提升个人的思想观念和专业技能。思想观念包括世界观、人生观、价值观以及创新意识等；专业技能是指高校辅导员从事辅导员这一职业所需要的知识、技能以及强有力的执行力，这些是职业品牌内涵的基础。第二，树立良好的外在职业形象，其主要指言行举止、仪容服饰、精神面貌等。辅导员的一言一行对大学生都有着示范作用，这些体现的是高校辅导员的外在风格。第三，建立独特的个人风格，其表现在待人接物、处事方式、社交活动、运动喜好等方面，它表现了高校辅导员对人生和社会的态度。高校辅导员要在工作中不断寻求进步，完善自己的职业品牌。

（五）高校辅导员职业品牌的形象要美誉化

要成为一名受学生欢迎、受学校信任、受社会肯定的高校辅导员，塑造良好的个人职业品牌，建立良好的信誉是根本。高校辅导员在打造个人职业品牌时，除了重视职业技能的提升外，还要注重职业道德和个人信誉的提高，培养强烈的社会责任感。高校辅导员是一份需要奉献精神的职业，辅导员个人职业品牌讲究持久性和可靠性。实践证明，高校辅导员如果仅是工作能力强，而道德水平低，是无法建立良好的个人职业品牌的，即使建立了，也不可能长久，更不能令人信服。拥有良好个人职业品牌的高校辅导员，其工作态度和工作能力都会得到学生和学校的肯定，能帮助大学生健康成长成才，能真正体现出高校辅导员的职业价值。这样的高校辅导员，受学生欢迎，得学校尊重，为社会所需。也就是说，高校辅导员在塑造个人职业品牌时，要注重自身职业品牌的美誉度。

（六）高校辅导员职业品牌的传播要知名化

教育是双方的，需要交流和互相了解。而个人职业品牌塑造的过程，也是个人职业品牌不断向外传播、扩大影响的过程。高校辅导员不仅要丰富职业品牌的内涵，努力创建和维持个人职业品牌，还要通过各种方式和渠道把自己的优势和特质通过适当的形式呈现出来，让众人认识和了解，以提高知名度。在这种状态下，大学生就可以根据自己不同的成长需求和个性要求，对接相应的辅导员寻求指导。根据菲利普·科特勒的个人品牌传播的"正式表演、可控印象、媒体提及、产品销售"四个渠道，高校辅导员职业品牌传播的方式和渠道有：正式表演，指寻求知名度的有志者向受众做计划好的陈述。高校辅导员可利用辅导学生、开会发言、网络交流等相对正式的方式，增加与学生的交流机会，并借助这些机会阐述自己的观点和视角，形成自己的个性。可控印象，指品牌传播给受众的形象。高校辅导员可通过授课、谈心、个人网络交流载体等方式，传播个人的价值观，创造或维护个人职业品牌的特定形象。媒体提及，指品牌传播的另一种形象，这种形象是借由记者、专栏作家、特约作者及其他媒体渠道来传播的。高校辅导员可利用校报、校园网页、校园视频等媒体平台发表文章和言论，提升知名度。产品销售，指通过带有品牌形象的实物或是与品牌有关的实物实现品牌传播。高校辅导员的"产品"就是为大学生提供的服务。辅导员可以将个人职业品牌同某种可考量的事物联系起来。

（七）高校辅导员职业品牌的更新要长期化

由于职业生涯周期较长，外部职业环境变化较快，为了延长职业品牌的生命周期，高校辅导员在塑造个人职业品牌的过程中，一定要根据社会环境、职业环境和职业对象的变化，不断学习，不断更新个人职业品牌的内涵和表现形式，对职业品牌进行长期管理。高校辅导员要经常对个人职业品牌进行诊断，不断思考并校正自己，结合外部职业环境的变化与个人职业生涯发展阶段来审视个人职业品牌的发展。这是维护个人职业品牌的基础工作。坚持学习是要求进步的表现，也是延续个人职业品牌生命周期的重要手段。职业品牌塑造是一个长期的过程，高校辅导员必须不断学习新知识、新技术、新方法，不断地丰富自己的思想和技能，充实个人职业品牌的内涵建设。这是保持个人职业品牌的方法。

高校辅导员的职业品牌是在工作和学习中慢慢培养和习得的，职业品牌的塑造过程将和高校辅导员的工作、学习过程相融合，成为一种新型的个人职业成长模式。高校辅导员应该认清当前形势，树立职业品牌意识，打造和形成自己的职业品牌。在工作中，不断提升师德修养，规范自己的言行举止，做到知行合一，同时注重自己的职业形象，努力构建自己的职业能力，就可以塑造出自己独特的、具有感召力和生命力的职业品牌，实现自身的职业价值，提高社会地位。

第九章　高校辅导员队伍素质能力提升的策略与路径

本章强调科学谋划，内外联动，将辅导员队伍职业素质能力提升从激发内生动力（个人学养修炼层面）以及强化外部动力（辅导员队伍建设层面）两个层面进行分析。两个层面相互结合、相互促进，形成高校辅导员队伍职业素质能力提升的策略与路径建议。

第一节　激发高校辅导员素质能力提升的内部动力

李忠军教授在《高校辅导员主体论》一书中强调，高校辅导员群体是辅导员队伍"三化"建设的对象和主体，在这一过程中处于核心地位，发挥主要作用。职业化、专业化就是要力图使辅导员将工作作为一项长期所从事的职业和自身所擅长的专业，而在这一过程中，辅导员不仅是被动地承受教育和培训，还需要主体性的自我建构和彰显。没有辅导员主体的观念转变和积极参与，辅导员的职业化、专业化就无法实现。因此，提升辅导员队伍整体的素质能力，推进辅导员队伍的"三化"建设，要呼唤辅导员主体转变观念和积极参与。辅导员个人学养的高低，是提升大学生人才培养水平，造就品德优良、知识丰富、本领过硬的高素质人才的必备条件。辅导员的个人学养通常是高尚的道德风范、丰富的知识修养、健康的心理素质、适度的仪容仪表等方面的综合体现。辅导员的个人学养不是与生俱来的，而是需要后天的磨炼、修养，要从以下五个方面下功夫：调动阳光心态，激发职业内驱力；夯实理论基础，强化知识内化力；练就精湛技能，提高业务胜任力；做好生涯规划，提升职业续航力；打造个人品牌，彰显特色创造力。

一、调动阳光心态，激发职业内驱力

美国心理学家弗雷德里克·赫茨伯格（Fredench Herzberg）提出的双因素论，即"激励因素 - 保健因素理论"，认为影响人的行为积极性的因素有两类，即激励因素和保健因素，它们彼此以不同的方式影响人们的工作行为。而辅导员的职业内驱力的激发也是由"自我激励因素"和"制度保健因素"所组成的合力激发出来的，既来自个体内部的激发作用，也来自外部制度、目标的诱发作用，这两者是不可分割的整体。

"自我激励因素"与辅导员在工作中的感受性等内在因素有关，主要来自个人的自我认知、目标设定和成就感体验等，能够真正激发和提高工作积极性。这类因素如果缺失或者不足，辅导员未必会很不满意，但却能严重影响工作效率；这类因素若得到激发或促进，辅导员就会很满足，从而提高工作积极性和投入度，并通过持续性的自我强化，发挥稳定的自我激励作用。"自我激励因素"能有效地激发辅导员的成就动机，即推动辅导员去追求与完成自己所认为最重要、有价值的工作，并且设法将其达到某种理想地步。

高校辅导员队伍中存在职业理想不坚定、职业认同不牢固、职业定位模糊、职业认同感低、职业兴趣薄弱等职业认同问题。这些问题一方面与辅导员群体的社会认可度有关，更多取决于辅导员个人的自我认知。辅导员的工作对象是活生生的个体，有情感、有思想，需要辅导员情感的投入，用心用情才能把工作做好。

（一）提升自我意识

大多数研究者认为，良好的自我意识可以强化辅导员的职业认同感，促进辅导员对其定位、职能和行为进行有效的自我反省，并随时进行自我调整和改进，从而提高工作的有效性。那些不断地发展自我成长性和自我意识的辅导员，与那些自我意识较弱的人相比，其自我发展的内在动力会更加明显和持久。

辅导员要对自己的角色和职能、能力素养和行为方式、职业发展前景等有准确的认识和判断。从事辅导员这一职业之前，要认真了解岗位职责，剖析自身兴趣爱好，做到人职匹配。从业之后，更要深挖辅导员职业内涵，通过重温辅导员誓词、领会辅导员精神、学习辅导员先进典型、培养职业理想等方式消除职业倦怠和发展迷茫，增强职业带来的成就感、认同感和归属感。

当然，由于辅导员行业发展刚刚起步，对许多辅导员来说，未来的道路和自己的职业前景是模糊不清的，他们在目前的工作环境中很难找到理想的职业楷模，所有的想象更多地来自刚成文或正在拟定的制度和条例。

因此，在高校辅导员队伍中，必须加强培训和交流，需要让他们充分了解行业发展的前景，并对自己的辅导员职业生涯做出合理的规划；需要帮助他们理解自我角色的定位和职能范畴，这对于具有不同学科背景的辅导员尤为重要，也是实现辅导员专业化培养的第一步；需要引导辅导员寻找自身与辅导员工作所必需的能力素养之间的差距，并有意识地自觉提升工作能力和素质。

（二）确立内在自我成长目标

人的内在的自我成长表现为从事一项职业时所具备的知识、观念、心理素质、能力、内心感受等因素的组合及其变化过程，注重的是取得成功的主观情感。内在的自我成长目标一旦实现，能力得到提升，并内化为个人精神财富，就会产生强烈的自我满足感。期望理论认为，目标的目标价值越高，且较易实现，又具有可控性，其产生的激励作用就越大。

因此，要引导辅导员了解并认识到自我成长和成熟在人生发展中的关键性作用，自主地确立自我成长性目标，并充分认识到其在自我激励中的关键性支撑作用。内在自我成长的目标体系由各种工作的综合能力所构成，高校辅导员的工作能力有日常管理、人生导航、稳定工作、危机应对、心理辅导、生涯辅导和网络辅导为主的学生事务管理的关键能力，还有管理、学习、研究、创新等能力所构成的基础能力，等等。

（三）拓展职业生涯成功标准

职业倦怠和职业迷茫的出现与辅导员的职业路径规划不清晰、难实现有关。辅导员的个人发展要建立在明确的职业规划基础上，每一位辅导员都应该综合自身所掌握的知识、所具备的能力、个人的优势和劣势以及所处的工作环境等因素，设计出适合自己追求和发展的职业目标，并明晰实现目标的路径。对于职业生涯成功的评估，除了主观标准和客观标准之外，还可尝试以辅导员的职业"成长性"为视角，从持续目标的行为导向来构建辅导员职业生涯"过程成功"的标准。每一个过程目标的实现都为下一阶段的生涯发展搭建平台，目标实现的连续性过程也展现了辅导员迈向职业成功的路径。将个体自身的努力与职业生涯成功的评价标准相结合，能引导辅导员更加注重职业追求的价值性、过程性、意义性和自我挑战性，更重视内在的心理品格，对生命意义的体验和精神上的满足。

因此，辅导员不要忘记自我发展，可以通过论坛、研讨会等方式，搭建发展自我、展示自我的平台。辅导员之间也要注意相互提醒、相互帮助，这也是促成辅导员专业发展的有力武器。另外，辅导员在工作中千万不能忘记自己刚刚参加工作时的激情和梦想，要强化自我教育意识，逐步树立起明确的自我发展目标，并持续不断地为此目标努力，这才是确保辅导员专业发展的持久助力，是从根本上保障辅导员工作质量的治本之策。

（四）做好自我教育和发展

辅导员要怀揣梦想，做好自我教育和自我发展。

一是要学会学习，并坚持学习。终身学习的理念在当今社会已经越来越被认可和重视，辅导员不是万能的，辅导员面对的工作对象和工作环境也在持续不断地发生着变化，面对不断变化的世界，辅导员的学习能力就显得尤为重要。现实需要辅导员善于学习、主动学习、不断学习，以求为自己的专业发展不断输入动力。

二是要主动反思。坚持在实践中反思，在总结经验、吸取教训中不断提高自己，是辅导员专业化成长的有效途径。"反思"不是一般意义的"回顾"，而是对自己的工作实践和周围的教育现象、教育问题的理性思考。福柯说："反思就是对熟悉的东西再次陌生化。"美国著名学者波斯纳曾经提出教师成长的公式为：教师成长＝经验＋反思。这充分说明了现代教育环境中反思对于一个教师成长的积极意义。

辅导员要在工作中主动反思，经常反思，只有如此，才能不断总结自己的工作经验，在不断的自我超越中实现自己的专业成长。

柏拉图认为："凡是自动的，才是动的初始。"只有强调内动力，才能使辅导员不断地主动反思自己实践的理念与行为，不断自我调整、自我补充、自我构建。也只有如此，辅导员才可能从纷繁复杂的日常工作中解脱出来，发展自我，实现自我，成长为一名优秀的专业辅导员。

随着以人为本理念的落实、教育观念的更新以及缴费上学制度的实施，学生与学校之间的关系已经从传统的伦理型关系逐渐演变成为有条件的契约型关系，学生往往以消费者的身份对自己与学校的关系进行重新审视，对学生工作的内容、质量和水平也提出了更高的要求。在这样的情况下，处于学生工作一线的辅导员在为自己设计专业发展内容和路径的时候，特别要注重学生的独特需求。只有真正将学生的需求融入辅导员专业发展之中，才会达到双赢的效果，在促进辅导员专业发展的同时，提升学生对辅导员工作乃至学校整体教育工作的满意度。

二、夯实理论基础，强化知识内化力

想要承担好辅导员岗位的职责和使命，就必须自觉努力掌握学生教育管理的基础知识，更新观念，加强学习，在头脑中构建适应时代发展要求的专业化知识体系。筑牢理论根基，在实践研究中不断促进理论知识的内化，才能逐渐提高育人水平。

（一）构建高校辅导员专业化知识体系

高校辅导员工作量大、涉及面广，这就要求辅导员具备多元化的知识结构。零碎的理论知识不能为辅导员工作提供有力的支持。需要帮助辅导员构建专业化知识体系，以激发辅导员素质能力提升的内生动力，让理论知识能够为辅导员的实际工作提供更好的指导。

（1）工具性知识。工具性知识包括写作知识、谈话知识、计算机与网络知识等。写作知识是辅导员必备的基础知识之一，写作作为人类社会传递信息、交流思想、传播知识的手段，在工作中的应用非常广泛。谈话知识是辅导员必备的第二项工具性知识，大学生的日常教育大多数是在辅导员与学生的谈话中完成的，是通过报告、讲解、座谈、个别谈心等方式循循善诱地说服工作对象的。辅导员必备的第三项基础知识是计算机与网络知识。现在跨入了以计算机与网络为主要学习、工作、生活手段的信息时代，学习和运用不断更新迭代的"人类通用技能工具"已成为辅导员日常工作的一部分。

（2）非工具性知识。非工具性知识包括美学知识和人文知识等。美育不仅能促进大学生性格的全面发展，而且能开阔他们的思维、净化他们的心灵。同时，美育是培养德智体美全面发展的大学生的重要任务。辅导员必备的美学知识主要包括由内在精神美和外在形式美组成的自身美知识、环境美知识和艺术美知识。人文知识是人类关于人文领域、精神生活领域的基础知识。辅导员必备的人文知识主要包括历史知识、文学知识、宗教知识、道德知识等，它能够提高辅导员的文化品位、审美情趣和人文素养，而且在大学生中普及人文知识也是推进高校素质教育的一项重要工作。

（3）生命科学知识。生命科学是研究生命现象与生命活动的本质、特征，发生、发展规律，以及各种生物之间和生物与环境之间关系的科学。生命科学知识是辅导员的良师益友，可以指导学生珍爱生命，享受健康的生活，提高健康素质。

（二）构建具有中国特色的高校学生事务管理知识体系

开阔视野格局，夯实职业发展基础。我国高等教育的快速发展，对辅导员素质能力提出了更高的要求，高校辅导员要具有综合驾驭知识和熟练运用知识的能力。辅导员可以借助书籍、新媒体平台、校内外学习培训等契机广泛吸收知识，开阔知识视域，扩展知识格局；养成关心时政，关心高等教育发展，多看、多学、多记录的良好习惯。

中国矿业大学赵春晓、龙景奎两位老师在《高校学生事务管理知识体系的构建》一文中，提出了以"两层次三维度多线索模块化结构"构建高校学生事务管理知识体系框架的研究成果，提出基于学生发展的学习生命周期理论，分析学生事务管理知识模块、学生事务管理工具方法和管理成熟度模型等，并提出了构建学生事务管理知识体系的对策和建议，为全面提高高校辅导员工作的科学化提供了可借鉴的理论和方法。

　　赵春晓、龙景奎着眼于构建中国高校学生事务管理知识体系的目标，基于体系化与模块化的要求，按体系框架和模块化结构提出了高校学生事务管理知识体系框架，把高校学生事务管理框架体系总体分为"两层次三维度多线索模块化结构"。其中模块化结构是指将学生事务管理知识组成一系列相对独立的知识模块，基本组成单元就是一个课题知识模块；两个层次就是一个知识和一个方法；三维度是学生发展的时间维度、学生事务管理的逻辑维度和思维方式维度；多条线索是指按照学生学习生命周期阶段和职能领域等多条线索来组织学生知识管理体系的知识模块。

　　学生事务管理应当注意把大学生学习周期阶段化，按照阶段化的线索，探索各个阶段所具有的规律与特点，有针对性地进行研究，把握普遍规律，进而开展工作。随着信息化技术的迅速发展和社会环境的发展，不同年龄段的大学生呈现出不同的特点，要研究不同年龄段在大学学习生命周期中的阶段特征，形成具有实际可操作的阶段管理知识模块。一般来说，可以把大学生以学年时间为周期进行阶段划分，也可以根据实际情况进行划分。划分不应当是时间点，而应该是一个时间区域。划分阶段应该以所呈现的不同的阶段特征为标准。一般而言，大学生会经历入学兴奋阶段、适应阶段、疲劳阶段、毕业阶段，在不同的阶段会表现出明显的阶段性特征，要考虑不同阶段的特点进行有效的事务管理。同时，要把大学生涯规划指导与学生发展阶段的规律结合起来，研究不同阶段的生涯规划与指导，使之能够具有不同阶段的适应性和针对性。

（三）鼓励参与科研，促进知识内化

时代的变迁给辅导员提出了更高的要求，他们需要不断地学习来给自身充电，需要继续接受更高一级的教育来适应时代的发展。

1. 提升高校辅导员职业能力迫切需要科研引领

辅导员的研究能力既是基础性能力，也是发展性能力，更是职业核心能力的关键要素。不断变化的教育情境、错综复杂的教育问题，需要辅导员具备问题分析能力、调查研究能力，创新教育工作需要辅导员以研究能力为支撑。作为一名辅导员，有着大量实践的机会。因此，引领辅导员开展教育科研，可以扩宽理论视野和学术眼界，把辛苦转化为成果，把经验上升为理论，在攀登科研高峰的进程中，增长能力水平，引领职业发展方向。

2. 以课题研究为抓手，提升学术研究能力

提升辅导员的学术研究力既需要辅导员的自我学习和自我提高，也需要学术研究氛围的创设、对学术研究积极性的激励和对学术研究行动的支持。因此，从促进辅导员研究能力提高的角度，应加大对辅导员科研活动的引领，鼓励和支持辅导员开展课题研究，为辅导员的课题研究打开方便之门。依据国家的相关政策措施，通过哲学社会科学研究项目申报、思想政治教育专项课题申报、优秀辅导员论文评选

等，加大辅导员的学术研究力度和深度，提高辅导员队伍的专业化、专家化水平。实际上，一些高校，尤其是办学层次较高的大学，在支持辅导员课题研究上纷纷出台激励性措施，如在课题研究上提供经费支持，额外开辟立项研究通道等。

3.在推进学术交流中提高高校辅导员的学术素养

高校具有教学与研究的双重任务，高校辅导员置身于文明传播、科学研究的氛围中，有不断提高科研水平和学术素养的良好条件。学术素养系指进行学术研究时内在的规范和要求，是个人在学术研讨过程中所表现出来的综合品质。学校应努力创设学术交流的平台，以培养辅导员的学术意识、学术伦理规范和学术能力。应通过举办学术报告会、学术研讨会、学术专题讲座等方式，展示学科知识前沿，丰富辅导员的专业知识结构，培养辅导员浓厚的学术兴趣。也可通过学者互访、校际交流等方式，交流工作经验，提升学术品位，实现信息资源共享，增强学术体验和学术乐趣。

（四）树立终身学习理念，不断充实理论知识体系

"终身学习是指通过一个不断的支持过程来发挥人类的潜能，它激励并使人们有权力去获得他们终身所需要的全部知识、价值、技能与理解，并在任何任务和情况以及环境中有信心、有创造性和愉快地应用它们。"1972年，联合国教科文组织国际教育发展委员会编著的《学会生存》一书把终身学习提到了生存的位置，认为："我们再

也不能刻苦地一劳永逸地获取知识了，而需要终身学习如何去建立一个不断演进的知识体系——学会生存。"此后，终身学习的思想深刻地影响并改变着世界，不仅给人们带来了学习观念上的重大变革，也引导着人们将终身学习作为一种文明的生活方式。可以说，终身学习已经逐步成为当今社会发展的必然趋势，只有终身学习才能实现终身的发展。

对辅导员而言，终身学习已经是一个基本的职业守则，《辅导员职业能力标准》中已经对此做出明确规定。在对辅导员展开的访谈中，一位辅导员老师说道："一名优秀的辅导员既能处理好各项事务性工作，又能在学习中促进自身能力的提升。"可见，辅导员工作虽然繁杂，但只要做到爱学习、勤学习，便能在零散的、碎片化的时间中加强学习，在日积月累中提升自身的核心能力。所以，辅导员要树立终身学习理念，才能形成不竭动力，以学习提升能力、解决困难、促进成长。一支具有生命力的辅导员队伍，一定是一支学习型辅导员队伍，具有终身学习的观念和终身学习的能力，从而不断充实自身的理论知识体系。

1.高校辅导员要充分认识终身学习的必要性

高校辅导员要树立终身学习的理念。理念是行动的先导，只有将终身学习的理念内化为辅导员的认识，才有可能外化为辅导员持续不断的学习行动，才有可能培养学习型辅导员，推动学习型队伍建设。

从社会发展出发，当今世界在飞速变化，知识更新的速度大大加快，学习型社会要求每一个社会成员都应该成为终身学习者，辅导员也不例外。从辅导员职业出发，辅导员面对的是千头万绪的工作内容、千变万化的工作情况，以及千姿百态的工作对象，要高质量地完成工作，仅停留在原有的知识技能水平上已经远远不够了，必须不断学习提升自身的专业素养。辅导员是学生学习的引导者，自身如果不具备终身学习的理念和行动，就谈不上对学生"言传身教"。辅导员唯有树立终身学习的理念并付诸行动，才能影响学生的学习态度和行为；唯有具备不断学习的能力，才能提高学生的学习能力。所以，辅导员首先要自己树立终身学习的理念。

2.高校辅导员要突破传统学习观念的束缚

传统的学习观认为学习是单一的、被动的，具有维持性、阶段性的，然而事实上辅导员的学习应当是全面的、主动的、创新的和终身性的。辅导员不能将学习内容单单局限在教育学科领域，而要把学习内容拓展到其他的学科领域和人的全部知识世界。这需要辅导员转变被动地接受学习和培训安排的状态，从"要我学"转变为"我要学"。同时，辅导员不能将学习局限或停止于学历教育上，而是要将学习延伸到辅导员的职业生涯和整个生命旅程，面向发展，面向未来。创新是必然趋势，因为仅仅依靠原有知识的维持来应对社会和工作的要求已经不可能。反之，带有"预见性"的创新学习才能引领辅导员在工作中走向未来，突破自我。

3. 高校辅导员要具备终身学习能力

终身学习对辅导员而言，是自身能力素质和知识水平不断提升、持续追求、精益求精的过程，是自我完善和持续成长的过程。具备观念上的认识还仅仅是起点，必须要具有将观念外化为持续的学习行为的能力，只有落实了终身学习的行为，才算真正实现了终身学习。落实终身学习，辅导员至少应该具备以下几方面的基础能力。

一是要具备发现学习需要的能力。需要引起动机，动机产生行为，行为驶向目标。学习需要是引起学习行为的驱动因素。按照马斯洛的需求层次理论，需求是有层次的，在低层次需求得以满足后才能出现对较高层次需求的追求。在终身学习过程中，辅导员应当具备不断发现和挖掘自身学习需求的能力。例如新入职时，辅导员要善于发现自身原先的专业知识结构与应对新工作所需要的知识之间的差距，明晰自己下一步的学习需要，并通过不断学习来满足这种需要；工作一段时间后，当补充辅导员工作的基本知识的学习完成后，辅导员要善于挖掘自身更高层次的学习需要，明晰与成为辅导员工作某方面专家之间的差距，并以此确定学习方向。如果辅导员不具备发现自身学习需要或持续发现学习需要的能力，很可能就不具备学习的动力，仅仅是安于现状，被动接受工作新问题对自己知识能力体系的挑战。

二是要具备科学规划学习的能力。因此，学习型辅导员必须能够对学习进行科学的规划，要根据在不同职业生涯阶段自身所面临的情况、问题和需要提升的知识能力，来分别安排学习的侧重点和学习形式。关键还要分层次设定学习目标，有了明确的学习目标才能激起强烈的学习要求和求知欲望，并且激励自己在学习过程中表现出良好的注意力和克服困难的意志。

三是要具备维持学习状态的能力。坚持终身学习不是一件容易的事情，和任何事情一样，学习也不可能总是万事俱备，一帆风顺，在过程中总会遇到这样那样的困难和阻碍。辅导员在终身学习的过程中对此要有心理准备，要具备随时用自己的能力和智慧应对学习道路上各种问题和困难的能力，而不是一遇到困难就放弃或放松学习。例如，在经过一段时间的工作后，辅导员难免会遇到各种工作压力，并遭遇职业倦怠。此时辅导员必须要具备应对调整能力，而不是让这些问题成为阻碍辅导员学习的因素。辅导员可以通过释放压力，缓解不良情绪，寻求积极认知，调节学习目标和节奏等方式来应对这些问题，最终开辟出一条适合自己情绪状态的持续学习之路。

三、练就精湛技能，提高业务胜任力

高校辅导员的职业能力，尤其是核心职业能力，是在工作过程中形成的。核心能力的培育，既是外部灌输式培养、技能化训练的过程，也是辅导员个体自我学习、自我训练、自我反思的过程，更是内部积累与外部获取相结合、内部要素能力与外部工作平台交相融汇而不断建构的过程。研究辅导员能力提高的实践路径，重点不是指向辅导员应该怎么做，而是指向我们应该为他们的发展提供什么。

（一）创造条件，推进高校辅导员能力的实践养成

高校是辅导员开展各项工作所依托的平台，是其提高专业技能的训练场。高校可以根据具体校情来开展有针对性的辅导员职业能力培养活动，通过以老带新、榜样示范、典型引路、案例分析、专题研讨等方式，打造优质的校级辅导员职业能力培养平台，营造高校辅导员职业发展的良好氛围，提高辅导员的专业技能，提高辅导员分析问题、解决问题的能力，提高辅导员的职业认同感、责任感和职业进取意识。引导辅导员深入实际，调查研究，搜集工作案例，建立自己的职业能力培养资料库。引导和督促辅导员要从"做中学"，统筹工作过程与学习过程，将工作过程学习化、学习过程工作化。辅导员的专业学识与专业技能需要组织培养与实践养成。

（二）目标分类，引领高校辅导员多样化专业发展

高校应建立辅导员职业能力培养的动态目标体系。走多样化发展道路，是稳定骨干队伍、建立职业认同、完成经验积累和传承的必由之路。学校要根据辅导员职业发展的不同阶段、专业发展的不同层次、

专业背景的不同走向、对职业发展前景的不同诉求，帮助每一位辅导员建立层次不同、各具特色的职业发展规划，引导辅导员职业能力动态地、多样化地发展。确定骨干辅导员、专家型辅导员、双肩挑辅导员等不同的发展目标，支持辅导员通过不同的发展道路开辟职业前景，鼓励辅导员开展学术交流等，引导他们将个人前途与队伍建设的整体目标结合起来。

（三）搭桥铺路，提升高校辅导员的核心职业能力

学校应积极搭建理论学习、业务培训、素质拓展、技能竞赛、实践锻炼、外出研修等平台，为广大辅导员从业、敬业、乐业提供坚强支持和可靠保障。立足高校的文化底蕴，促使辅导员扩展知识，拓宽理论视野。辅导员的专业素养是辅导员职业能力发展的前提和基础，也是辅导员职业发展的内在驱动力和根本保证。辅导员职业能力建设不仅要重视专业精神和专业道德的建设，更要关注和支持辅导员专业学识与专业技能的积累。

（四）促进反思，在总结经验教训中不断精进

高校优秀辅导员要学会辨析能力提升过程中的难题，善于总结经验教训，将能力提升中的个别问题上升为一般性问题，由此形成一套系统化、科学化的经验方法，为其他辅导员提升核心能力提供可循之法。在此基础上，辅导员群体应提高学习效率，逐一破解提升难题，努力做到把握育人重难点，化解学生危机事件，促进学生健康成长。

四、做好生涯规划，提升职业续航力

辅导员是高校管理的核心力量之一，如何引导辅导员做出符合高校发展方向的行为，引导辅导员满足组织的人才需求，从而实现辅导员价值最大化，是每个高校都应关注的问题。只有在和辅导员协商的基础上，设立好未来职业发展目标，选择好职业通道，才能从真正意义上引导辅导员朝着高校需要的方向发展，为高校保留优秀的人才资源。

高校辅导员的发展流动大致有以下几个方向：向学校党政管理工作岗位分流；根据本人意愿结合专业素质和教学科研能力调整到教师队伍；对于工作成绩突出的辅导员，可以由学校推荐参加校外挂职锻炼；推荐辅导员到校企合作企业挂职学习，以增强其对学生指导专业学习的能力；出台激励措施鼓励辅导员进一步深造或参评更高系列职称等。在辅导员发展的过程中，既尊重辅导员个人发展需要，也要立足高校工作大局，尽力为辅导员提供晋升和发展空间。

（一）提供指导与保障

高校要对辅导员职业生涯进行有效的管理与指导，建立辅导员职业生涯档案是基础，搭建平台是关键，完善制度是保障。职业生涯档案中记载的辅导员成长轨迹有助于分析辅导员的职业发展潜力，帮助辅导员设定科学完备、切合实际的职业生涯规划；辅导员研修基地的设立以及辅导员岗位交流平台的搭建有利于辅导员素养的提升，为辅导员实现职业生涯发展目标提供了充分的条件；聘用、考核、薪酬待遇、晋升等方面的制度与规范是高校科学管理的保障，同时也能够调动辅导员追求职业生涯发展目标的积极性。

（二）优化队伍流动

作为高校管理者，要本着"以人为本"的工作理念，根据辅导员的能力、特点、专业特长、工作绩效，优化队伍流动，切实为辅导员的发展创造条件。大部分辅导员在繁重的学生工作中，往往对自身的职业生涯规划感到迷惘，"定点、定心、定位"不清，认为个人发展空间有限。院系为辅导员创造良好的工作氛围和完善的发展机制，体现出对辅导员的关怀与负责，可以使辅导员尽心尽力投入本职工作中，更好地服务学校人才培养工作。

（三）促进学历提升

2006年，教育部提出"实施高校辅导员继续攻读学位计划"，要"鼓励和支持一批骨干辅导员攻读相关学位和专业进修，长期从事辅导员工作，向专业化、职业化方向发展"。由21个教育部高校辅导员培训和研修基地承担的辅导员培训计划，目前已招收近千名辅导员博士生。辅导员博士生培养作为辅导员培训系列中的学历教育，旨在通过研究和学习，使辅导员在掌握相关专业坚实宽广的基础理论和系统深入的专业知识基础上，形成独立从事科学研究工作的能力；依据要求，能创造性地回答学生工作领域关键、前沿和疑难问题，对辅导员职业领域的知识和实践做出贡献。

（四）挂职锻炼培养

应当积极拓宽辅导员非专业化的发展空间，建立定期交流制度，向校外有关部门输送、推荐或选任优秀辅导员到其他岗位和地方单位进行挂职锻炼。各高校通过辅导员到教育部门、各乡镇和街道进行挂职锻炼，或者派辅导员到其他高校进行工作学习，提高高校辅导员综合素质，拓展辅导员发展渠道，发现、培养和储备一批有发展潜力的青年人才。

辅导员自身要充分发挥主观能动性，对自己的职业生涯进行合理规划，以在工作中充分发挥自己的潜能，实现个人价值最大化。首先，辅导员要进行自我认知和自我定位，即要充分了解自己的个性特点、兴趣点、能力，并对周围环境进行充分的考察。在此基础上，确定最适合自己的岗位，明确自己的职业生涯发展目标。其次，辅导员要不断学习，寻求发展。当前，很多高校开始出台一些辅导员进学科、进科研团队的举措，即根据辅导员的专业背景、学习经历、职业规划、业务实践等，鼓励辅导员在做好学生日常教育、管理和服务工作的基础上选择研究方向，支持辅导员围绕相关领域、相关学科开展研究，切实解决学生工作中面临的实际问题，调动辅导员的科研热情，搭建科研平台，提高科研能力，促进成果产出。辅导员要积极把握机会，提升自身的科研能力，主动追求专业化职业化。

第二节 激发高校辅导员素质能力提升的外部动力

高校辅导员队伍素质能力提升，不仅需要辅导员个体层面的学养修炼，还需要高校形成一套科学规范、层次鲜明、方式多样的辅导员队伍建设机制。这是辅导员队伍建设的外部动力与保障体系。

当前高校辅导员队伍建设任务任重而道远，严格选聘机制，优化培训体系，推动合作共赢，完善考评机制，构筑保障体系，各种制度、计划、方式方法、措施等相互影响并且组成，良好运行的系统，能够不断提升高校辅导员队伍的发展内涵和业务能力，促使广大辅导员在工作时有方向，干事时有平台，发展时有路径。各所高校结合本校实际情况，建立一套科学、规范且适合本校发展的辅导员队伍建设机制，才能有效推进辅导员队伍的整体建设进入一个新阶段。

一、严格选聘机制，奠定高校辅导员素质能力提升的基础

"高等教育承担着培养高级专门人才、发展科学技术文化、促进现代化建设的重大任务。提高质量是高等教育发展的核心任务，是建设高等教育强国的基本要求。"高校要"牢固确立人才培养在高校工

作中的中心地位，着力培养信念执着、品德优良、知识丰富、本领过硬的高素质专门人才和拔尖创新人才"。与大学生朝夕相处、密切接触的辅导员，担负着重要的引导作用，扮演着大学生健康成长指导者和引路人的角色。以国家发布的关于高校辅导员的政策与制度文件为指导，建立符合国家统一标准的辅导员选聘机制。各所高校可以参照统一标准，选聘匹配学校招聘岗位实际需求的人才，这样更加有利于高校本身建立一支高素质的辅导员队伍。

（一）规范高校辅导员选聘程序

教育部令第 43 号中规定了高校辅导员的选聘过程，指出在高校党委的统一领导下，人事部门、学生主管部门、教学单位、纪委等部门共同制定辅导员的选聘条件，同时组织完成辅导员的选聘工作，整个过程要求公平、公正、公开。高校应结合本校的实际情况，考虑辅导员的选聘人数及具体职责设置，尽可能以专业化为导向，提供详细的专业背景要求和分级聘用要求，从而增强考生对自身认知的匹配程度。高校还应科学组建选聘队伍，确保其掌握辅导员主要的评价标准，并熟知选拔和招聘程序。为确保选聘结果的科学性与规范性，参与选聘中的各个部门必须严格按照流程工作，同时分工必须明确，而且各负其责，保障选聘工作稳步开展。

（二）严格高校辅导员实习期考评环节

社会上的单位和企业往往通过建立实习期来进一步考评所招聘的员工，通过他们在实习期的表现决定有无继续留任的必要。高校对辅导员队伍的招聘也可以借鉴这一考评方式。通过考察辅导员在实习期的工作状态、业务能力、业绩效果等确定其是否可以留任，实习期满且评价合格的辅导员才有可能留任。这种考评方式可以有效解决当前招聘只有笔试和面试的局限性。

总之，各所高校要根据教育部令第43号等规定的要求，结合本校实际需求，制定出合理的辅导员招聘条件，其中要特别注意不再只注重学历层次，而忽视其专业背景。因此，高校需要积极研究、建立科学规范的辅导员招聘机制，并根据实际运行不断完善，这样才能有效促进高校辅导员队伍"三化"建设的有序开展，实现辅导员队伍构成的良性循环。

二、优化培养体系，构建高校辅导员素质能力提升的促进力

各种制度、计划、方式方法、措施等相互影响，组成良好运行的系统，从而形成一个科学规范的培养机制。目前，我国高校辅导员已初步形成"国、省（市）、校"三级培养模式。教育部、省（市）、高校培训机构已经开展了相应的分级培养。2006年，教育部发布了《2006—2010年普通高等学校辅导员培训计划》，明确了培训原则，

理论联系实际，层次区分结合，既要系统规划又要创新。该文件还明确了基地培训计划的规模、辅导员学位计划的目标和出国研修的目标人数，提出了建立辅导员培训质量评估制度。2013 年，教育部发布了《普通高等学校辅导员培训规划（2013—2017 年）》，明确提出了专业素养和职业能力的培养，要求定期举办全国骨干辅导员培训班，同时创新培训形式，选派优秀辅导员出国研修，也扩大了培训规模。在辅导员培养过程中，大多数培养单位能够结合自身实际情况，根据培养需求，制定出详细的培养措施，同时能有效实施，并适时考核培养效果，及时反馈培养需求。

（一）依据需求丰富培养形式

当前，各所高校的培养模式标准不一。从辅导员队伍"三化"建设角度来看，高校当前客观制度的制约不应阻碍本校辅导员的培养。因此，高校应深入辅导员队伍之中，了解他们的真实需求，从而针对不同需求的群体，开展不同形式和不同内容的培养。不仅要丰富辅导员队伍校内培训的形式和内容，还应设法增加他们外出交流培训的机会，逐步拓宽辅导员队伍的视野。

（二）协同培养形成联动机制

不断完善省（市）级高校辅导员培养制度，加强其与各高校辅导员内部培养制度的联系，从而形成一个良好的辅导员培养体系。其中，省（市）级别的高校辅导员培养制度的完善程度是尤为重要的，完善的省（市）级辅导员培养制度，不仅能提高各高校选送辅导员进行更高一级培养的主动性和积极性，还能有效指导各高校完善自身的辅导员培养制度，最终形成省（市）与各高校对辅导员队伍的协同培养联动机制。

（三）加强评价确保培养质量

高校在提高本校辅导员培养质量的同时，要特别注意评价体系是提高培养质量的保证。要确保辅导员培养工作取得良好效果，并且不流于形式，必须做到三个方面：第一，针对高校辅导员的培养计划要有科学性、可行性。根据教育部下发的关于高校辅导员队伍的政策性文件，结合辅导员发展的实际需要，科学评价教育部、省（市）、高校培养机构制订的计划，评判其可行性。第二，针对高校辅导员培养质量的评价要有规范性、科学性。科学、规范实施评价体系的量化指标，对教育部、省（市）、高校培养机构的职责和应用效果等指标内容进行分层次评价。第三，高校要建立辅导员个人培养评价体系。对辅导员学习效果的动态进行长期评价，及时反馈信息，促使辅导员提高自我意识，同时做好对辅导员参加进修的评价工作。

三、推动合作共赢，构建高校辅导员素质能力提升的互助力

（一）高校辅导员工作室对辅导员成长发展的重要意义

1.高校辅导员工作室有助于促进辅导员专业化、职业化和专家化发展

高校辅导员专业化、职业化发展是事关辅导员队伍建设发展的核心问题，如何让辅导员职业化？如何让辅导员成为一个真正的职业？这也事关辅导员的工作定位及成长发展。辅导员工作室是一个以辅导员为主体，具有明确的目标，拥有较为稳定的团队，可以通过"抱团取暖"的方式，精准发力。辅导员在做好基础工作的同时，可以跳出事务性工作的缠绕，从一定高度与深度思考学生工作，使得辅导员工作更加有的放矢，朝着越来越专业化、职业化的方向发展。

2.高校辅导员工作室有助于提升辅导员自身的育人能力

辅导员工作室的出现为辅导员工作开辟了一个新的路径，搭建了一个新的平台与载体。工作室成员之间、工作室与工作室之间，根据每个成员的专长、每个工作室的重点，通过相互协同、共同促进的方式可以形成育人合力，既提升了辅导员自身的育人能力，同时又从整体上提升了学校的育人能力，在提升学校的育人质量方面发挥了很大的作用。

3.高校辅导员工作室有助于凝聚辅导员力量，聚焦发力

辅导员工作室不是某一个人，而应该是一个共同体，其系统性和

发展性的特点决定了辅导员工作室是一个研究辅导员工作的集合体。要想将辅导员工作室的功效充分发挥出来，有成果产出，有实际成效，就必须借助工作室成员共同的力量，凝心聚力，集中力量对辅导员工作某一个领域的问题聚焦发力，提升辅导员工作的针对性和有效性，这对辅导员自身的发展及学生的发展都是具有重要作用的。

4.高校辅导员工作室有助于提升辅导员自身的科学研究能力

辅导员工作是一项长期而又繁杂的工作，对辅导员自身提出了很高的要求。要想做好辅导员工作不外乎两个方面：一是扎实做好基础性的学生工作；二是要对辅导员工作开展科学研究。前者是工作基础，后者是理论指导。做好学生工作需要理论的指导，同时理论研究要以基础性的学生工作为前提。一个辅导员的工作不可能完全脱离学生的具体工作。要想进一步做好学生工作，辅导员必须加强对学生工作的科学研究。辅导员工作室从自身工作的主要内容和目标出发，开展多层次、多方面的研究，催生辅导员工作内在动力，不断提升辅导员科研能力，提升工作效率，对促进辅导员自身发展、促进学生成长成才都具有重要意义。

（二）高校辅导员工作室的内涵、形态及特征

1.高校辅导员工作室的内涵

辅导员工作室，就是以辅导员为主导，以学生工作为依托，由有着共同志趣、共同目标的辅导员构成，有目的、有计划、系统性地开

展育人活动，实现工作精细化、精准化，关注学生成长成才及辅导员自身成长发展的，不断提升辅导员队伍素质及育人质量的工作平台。高校辅导员工作室由辅导员发起、组织、成立、运行、评价，也可以吸纳学生加入其中。辅导员在辅导员工作室中起着主导作用，通过有目的性的规划，借助多种手段与途径逐步开展相关工作，使学生工作更加科学化，促进辅导员队伍的职业化与专业化发展。

2. 高校辅导员工作室的"五种常见形态"

一是公社型工作室。这是最符合原生态工作室特征的一类。成员为了同一个理想、愿望、利益等形成共同努力的集体。这种工作室的规模不大，成员间的利益平等，也无职位之分，各自负责各自应做的事，大部分事务可由成员一起讨论决定。

二是公司型工作室。这类工作室有清晰的组织架构，一般设有主持人、副主持人以及各类项目组，主持人统领所有人员，各项目组各自负责各自应做的事，工作室的重要事务亦可由核心成员一起讨论决定。这类工作室的核心在于主持人，他们一般是在学工战线有一定的职位或者工作基础的人，由他们负责组建，能够在短时间内聚集资源、推动工作，甚至产生声势。

三是社团型工作室。这种工作室是典型的师生共建工作室，一般由 1 ~ 2 名教师牵头组建，成员绝大部分是学生，围绕特定主题，定期推出主题活动、内容产品。

四是专业型工作室。这类工作室建设方向明确且具体，有专门的学科专业依托，成员要求一般要有共同的专业背景，指向对象也较为明确。

五是协会型工作室。一般由若干辅导员共同组建，牵头发起人往往是行业内有一定话语权和分量的骨干，采用资源众筹的方式，共同完成专项工作。工作成果集体署名，共享发展红利。为了增进聚合力，该类型工作室比较重视内部建设，仪式感较足。

3.高校辅导员工作室的特征

高校辅导员工作室随着其自身的发展越来越完备，办出了其自身的特色，对高校辅导员队伍的建设及学生工作水平的提升发挥了重要作用。

高校辅导员工作室在发展过程中，表现出以下几个特征。

第一，目标性。目标性是辅导员工作室的首要特点。一个辅导员工作室的成立，包括工作室名称的确定、工作内容指向等都与工作室的目标密切相关。目标性就是要回答建设什么样的工作室，工作室开展工作的方向是什么。对辅导员工作室的目标而言，一定要定位精准，切不可胡子眉毛一把抓，要有明确的侧重点，这样才能专注于某一方面有效开展工作，也更容易出成果，更易于发挥效力。

第二，长期性。辅导员工作室在发展过程中，可能会遇到诸多问题，需要在不断改进中成长发展。正是因为其长期性的特点，决定了辅导员工作室的建设需要稳中求进，有序开展各项工作，从工作室具体工作的点滴做起，积少成多，自见成效。

第三，发展性。任何事物的发展都有其规律，辅导员工作室的建设是一个动态的不断发展的过程。发展过程中受到多种因素的影响，可能会出现这样那样的问题或偏差，这就需要及时发现问题并做出调整，有效解决问题。只有探索辅导员工作室建设发展的规律，才能更加有的放矢地开展工作。

第四，系统性。辅导员工作室的建设发展及相关工作的落实，都需要有一个团队、一个共同体来支撑，仅靠一个人是很难维系的。有了辅导员工作室的团队，工作室的运行就需要成员之间的有效协同。根据成员分工的不同，系统性地开展工作。

第五，小而精。辅导员工作室从一开始就要"小而精"，注重精准定位、精准谋划、精准发展。从小处着手，从实际出发，朝着一个目标发力，切不可贪图大包大揽，否则工作室将会出现工作表面化、深入不足、消耗太多精力等问题，最终甚至会走向解体。

（三）高校辅导员工作室促进高校辅导员成长发展的实现路径

1. 加强顶层设计，重视高校辅导员工作室建设与发展

高校辅导员要想实现专业化、职业化和专家化的发展，必须加强辅导员制度的顶层设计，其中辅导员工作室的建设就是一个很重要的

方面。辅导员工作室的建设与发展不仅仅是辅导员自身的事情，而应是整个学校学生工作的大事。高校要从一定的高度加强辅导员工作室的顶层设计，规范辅导员工作室建立、建设与发展，使辅导员工作更加专业化。可以以高校每个辅导员工作室为基本单位，成立辅导员教研室、辅导员科学研究团队，使辅导员工作有自身发展的方向。同时高校要整体规划工作室的方向，依托辅导员工作室开展相关的学生工作，关注关心辅导员工作室的成长发展，及时地给予一定的指导。这些举措将促进辅导员工作朝着良性的运转方向发展，从而促进高校辅导员队伍的建设。

2. 健全管理制度，为高校辅导员工作室建设提供保障

高校辅导员工作室从申报、成立、建设到成熟等阶段，都需要相应配套的规章制度进行规范和保障，这里的规章制度包括了学校层面和辅导员工作自身层面的规章制度。第一，要有辅导员工作室建立的具体标准，即达到什么样的标准才可以称之为辅导员工作室。从人员配备、建设目标、运行机制到预期目标等方面都要有具体的要求，否则将出现遍地都是辅导员工作室的状况，造成杂乱无章的后果。第二，给辅导员工作室配备相应的工作场地。为了方便管理，增强工作室之间的沟通与交流，高校可以将所有的辅导员工作室进行集中场地划分，提供基础性的硬件保障，如办公电脑、档案柜、办公桌椅、打印机等。第三，高校要给成立的辅导员工作室提供一定的经费保障，有利于进

一步开展工作，不会因为没有经费而导致很多事情搁置，降低工作室的工作效率。第四，每个工作室要有自身建设发展的配套规章制度，包括工作室的成立背景、总体目标、工作宗旨、人员配备、工作内容及发展规划等方面，以保障辅导员工作室的正常运行与工作的有效开展。第五，建立健全激励机制。高校对工作室必须要建立有效的激励机制，促进工作室建设发展的积极性，如评选年度优秀辅导员工作室，评选并挂牌校级辅导员名师工作室，将辅导员工作室的工作成果纳入辅导员职称评审之中，为辅导员职称晋升开辟新的路径等。

3. 发挥示范作用，依托高校辅导员工作室有效开展育人活动

高校辅导员工作室虽然以辅导员为主体，但是其出发点和落脚点都在学生的成长与发展上。依托辅导员工作室积极有效地开展育人活动，是工作室建设发展重中之重的工作。关注辅导员队伍建设的工作室，可以跟学校学工部（处）建立有机的联系，在学工部（处）的指导下有目的、有计划地加强辅导员队伍建设。如新入职辅导员的业务培训与指导、新生入学教育、辅导员工作论坛、辅导员素质能力大赛、辅导员案例汇编、辅导员科研能力的提升等方面。关注学生心理健康教育的工作室，可以协同学校心理健康教育中心开展各种关于大学生心理健康教育的活动，如心理讲座、个别辅导、心理技巧、素质拓展等。关注女大学生问题的工作室，可以从建立女大学生的自信、独立、自爱、着装打扮、交友等方面进行引导。关注大学生创新创业的工作

室，要指导大学生开展大学生创新创业项目和"互联网＋"大学生创新创业大赛，组织学生有效开展创新创业活动，培养、挖掘大学生创新精神等。

4.引领带动科研，依托高校辅导员工作室载体提升队伍科研能力

第一，高校可以统筹规划辅导员工作室，根据每个辅导员工作室工作内容的侧重点，委托工作室开展本校大学生教育各方面的科学研究，将其纳入学校科研系列，从而把握本校学生特点、具体状况等，有效地开展大学生教育。

第二，辅导员工作室可以从自身特点出发，结合近期目标和远期目标，充分发挥团队的力量，有计划地开展科学研究。经过长期的积累，必定出现成果。

第三，辅导员工作室科学研究的开展应立足学生，了解大学生的个性特点，把握其精神成长的规律，这对学校有的放矢、因材施教地开展大学生教育具有重要意义。

总的来说，高校辅导员工作室是辅导员制度发展过程中出现的辅导员的新的工作载体，充分发挥辅导员工作室的作用，可提升辅导员队伍的整体素质和业务能力，促进学生成长成才，落实立德树人这一根本任务，从而提升辅导员育人能力，提升学校育人质量，为学校内涵建设发展做出应有贡献。

四、完善考评机制，构建高校辅导员素质能力提升的推动力

考核的科学标准主要体现在两个方面：一是坚持考核的基本原则，二是完善路径选择考核机制。坚持考核的原则性是考核的基础，而路径是考核的重要方式和载体。针对高校辅导员的各类考核，务必要坚持标准的统一性，促使每个被考核的辅导员能够了解考核指标、程序，欣然接受各类考核结果。同时，要坚持以考核结果为中心的指导原则，让辅导员主动接受各类考核，并且积极主动地接受和运用考核结果。

（一）明确考评的基本原则

针对当前高校辅导员队伍"三化"建设中存在的问题，要特别重视辅导员队伍的体制建设和创新发展，同时务必确保考核流程的顺畅、正确，考核结果真实有效。因此，为提高考核结果的真实有效性，并在促进辅导员队伍"三化"建设有序发展方面发挥持续的推动作用，考核过程应遵循以下原则。

1. 标准的统一性原则

有效实施考核指标的基础是坚持标准的统一性原则，它能够有效反映和保证辅导员考核结果的真实性。高校考核部门必须采用统一的考核标准，并告知辅导员考核指标，提醒辅导员在工作中时刻牢记标准，同时确保考核结果的公平性。考核部门应该及时公布考核结果，并及时指导辅导员认真分析工作中的优缺点，针对缺点制定出相应的应对措施，以便顺利开展下一阶段的工作。

2.考核结果的指导性原则

完善的考核机制可以激发辅导员本身工作的积极性，主要做法为优胜劣汰，但更重要的是帮助辅导员发现和分析自己工作的优缺点。考核的指导性主要体现在"结果"反馈上，让被考核的辅导员参考考核标准，充分了解自己当前的业务能力，找出差距，学习先进。考核结果的指导性原则能够使高校考核部门建立规范化的指标标准，推动辅导员更加明确岗位职责，并做到有据可查。

（二）完善路径选择考评机制

确保绩效考评体系的科学性、合理性和高效性，不仅可以实现对辅导员队伍的科学管理，从而促进辅导员队伍的"三化"建设，而且能为实现以生为本的高校育人目标奠定坚实的基础。

1.明确工作职责，匹配考核指标

做好考核工作要明确考核工作必须做、把考核工作做好这两个内容，另外考核的依据是工作职责书。要实现考核工作的两个内容，务必要充分实现考核体系涵盖的四个方面的内容：标准科学、规范流程、严格评分和改进措施。

2.学校范围内的相互协助合作，确保考核结果能够支撑晋升渠道

辅导员最关心的问题是自身发展问题，如职业晋升渠道是否通畅。大多数高校往往将考核结果与各类评优评奖挂钩。然而，辅导员的考核结果与自身的职业发展之间并没有紧密联系，优秀的考核结果只是

一种功绩证书。辅导员自身工作的时间越长，他们就越失去耐心。高校只有重视本校辅导员的职业发展道路，才能通过优秀的考核机制，为辅导员职业发展开辟道路，才能突出考核的必要性，从而让辅导员接受考核结果，找出差距，积极寻找改进措施，不断提升自身业务能力。

参考文献

[1] 陈虹，赵鹏．高校辅导员工作理论与实务知识 [M]．天津：天津社会科学院出版社，2021：5.

[2] 陈丽英，胡邦宁．高校辅导员职业生活及其发展研究 [M]．北京：经济日报出版社，2023：6.

[3] 丁爱芹．高校辅导员心理辅导与危机应对 [M]．北京：光明日报出版社，2021：5.

[4] 范启标，林琛．高校辅导员网络作品创作能力提升 [M]．中国原子能出版社，2023：3.

[5] 耿海洋．高校辅导员专业化建设研究 [M]．长春：吉林出版集团股份有限公司，2022：6.

[6] 何林建．高校辅导员工作实战指南 [M]．上海：上海交通大学出版社，2020：11.

[7] 简敏．守正与创新 高校辅导员"六点工作法" [M]．长春：吉林大学出版社，2022：2.

[8] 李博．高校辅导员职业英语 [M]．上海：同济大学出版社，2021：9.

[9] 李海波 . 高校辅导员职业发展的动力机制研究 [M]. 哈尔滨：哈尔滨出版社, 2022：1.

[10] 李宏刚，李洪波 . 知行明德 新时代高校辅导员的发展之道 [M]. 镇江：江苏大学出版社, 2021：1.

[11] 李俊鹏 . 当代高校辅导员工作与专业化发展研究 [M]. 北京：中国原子能出版社, 2022：9.

[12] 李顺年 . 高校辅导员核心素养提升策略研究 [M]. 长春：吉林文史出版社, 2022：8.

[13] 李薇 . 高校辅导员与专业课教师协同育人研究 [M]. 长春：吉林人民出版社, 2021：8.

[14] 郑利群 . 高校辅导员队伍素质能力提升策略研究 [M]. 秦皇岛：燕山大学出版社, 2022：6.

[15] 潘奕羽 . 现代高校辅导员职业能力与素养培育研究 [M]. 北京：经济日报出版社, 2022：9.

[16] 孙艳梅 . 高校辅导员工作理论与实务 [M]. 长春：吉林人民出版社, 2020：4.

[17] 陶辉，何燕，阙小梅 . 民办高校辅导员职业能力建设及提升研究 [M]. 青岛：中国海洋大学出版社, 2023：1.

[18] 王海涛 . 民办高校辅导员职业化研究 [M]. 重庆：重庆大学出版社, 2021：7.

[19] 王焕红 . 高校辅导员的工作与专业化发展 [M]. 北京：中国财富出版社 ,2021：6.

[20] 赵巧玲 . 创新·长效 高校辅导员的发展研究 [M]. 北京：中国商业出版社 ,2022：11.

[21] 夏吉莉 . 高校辅导员核心职业能力研究 [M]. 昆明：云南大学出版社 ,2020：12.

[22] 向伟 . 新时代高校辅导员素质及提升策略研究 [M]. 长沙：湖南师范大学出版社 ,2023：5.

[23] 肖述剑 . 高校辅导员职业认同研究 [M]. 杭州：浙江大学出版社 ,2020：5.

[24] 杨化玲 . 民办高校辅导员职业现状浅析 [M]. 天津：天津大学出版社 ,2020：3.

[25] 杨玲 . 新时期高校辅导员工作与队伍建设研究 [M]. 沈阳：北方联合出版传媒（集团）股份有限公司；沈阳：万卷出版有限责任公司 ,2023：4.

[26] 张婉莉 . 职业韧性重塑 高校辅导员职业心理实证研究 [M]. 西安：陕西新华出版传媒集团有限责任公司；西安：陕西人民出版社 ,2023：4.

[27] 张兴雪，刘怀刚 . "互联网 +"时代高校辅导员队伍建设系统工程研究 [M]. 北京：九州出版社 ,2022：8.